**Stephanus J. M. Donders**

Kolbenmaschinen für HFA-Flüssigkeiten

- Verlustanteile einer Schrägscheibeneinheit

D1995482

**Stephanus J. M. Donders**

# Kolbenmaschinen für HFA-Flüssigkeiten - Verlustanteile einer Schrägscheibeneinheit

verlag mainz
Wissenschaftsverlag, Aachen

Die Deutsche Bibliothek - CIP-Einheitsaufnahme

**Donders, Stephanus J. M.:**
Kolbenmaschinen für HFA-Flüssigkeiten
- Verlustanteile einer Schrägscheibeneinheit /
Stephanus J. M. Donders. - Aachen : Mainz, 1999
Zugl. : Aachen, RWTH, Diss., 1998
ISBN3-89653-261-8

1. Auflage 1999

© Verlag Mainz, Wissenschaftsverlag, Aachen
Herstellung: Fotodruck Mainz GmbH
Süsterfeldstr. 83, 52072 Aachen
Tel. 0241/87 34 34

ISBN 3-89653-261-8
D 82 (Diss. RWTH Aachen)

## Kurzfassung

Hoch wasserhaltige Druckflüssigkeiten bieten große Vorteile hinsichtlich des Brand- und Arbeitsschutzes sowie der Produktverträglichkeit. Auch unter ökologischen Gesichtspunkten sind sie weit weniger bedenklich als mineralölbasische Druckmedien. Ihrer weiteren Verbreitung stehen jedoch ihre vergleichsweise ungünstigen tribologischen Eigenschaften entgegen. Zum Erreichen zufriedenstellender Resultate bei der Auslegung hydrostatischer Kolbenmaschinen für hoch wasserhaltige Flüssigkeiten ist die Kenntnis der in den Lagerfugen ablaufenden tribologischen Vorgänge eine wichtige Voraussetzung.

Die vorliegende Veröffentlichung befaßt sich mit Untersuchungen bezüglich des Reibungs- und Leckageverhaltens der wichtigsten Tribosysteme der Verdrängerbaugruppe von hydrostatischen Kolbenmaschinen in Schrägscheibenbauweise für hoch wasserhaltige Druckflüssigkeiten. Hierzu wurden spezielle Modellprüfstände entwickelt, auf denen die Reibpaarungen Gleitschuh/Schrägscheibe, Kolbentrommel/Steuerspiegel und Kolben/Zylinder untersucht wurden. Die durchgeführten Versuche liefern grundlegende Erkenntnisse über das Betriebsverhalten dieser Gleitlagerungen und zeigen Möglichkeiten zur Verbesserung von Wirkungsgrad und Verschleißfestigkeit auf. Zum Teil werden direkte Vergleiche zwischen dem Betriebsverhalten mit niedrigviskosem HFA und mit hochviskosen Druckmedien wie HFC und HLP angestellt. Die Modellanordnungen erweisen sich als zuverlässige und nützliche Hilfsmittel zur isolierten Untersuchung der einzelnen tribologischen Systeme. Sie bieten sich daher insbesondere auch für die Bewertung der Wirksamkeit von Optimierungsmaßnahmen im Vorfeld zum Komponentenversuch an.

## Abstract

High water based fluids (HWBF) offer remarkable advantages concerning fire resistance, protection of the working area and product compatibility. Concerning ecological aspects they also are by far less critical than pressure media based on mineral oil. However, due to their unfavourable tribological properties the range of applications of HWBF is almost not expanding. In order to achieve satisfactory results in the development of hydrostatic piston pumps and motors for HWBF it is necessary to have sufficient knowledge of the tribological phenomena within the bearing gaps.

This publication deals with investigations on the frictional behaviour and leakage of the main tribological systems of hydrostatic swashplate type piston pumps and motors for HWBF. Special model tests were developed to investigate the frictional pairings slipperpad/swashplate, barrel/valveplate and piston/cylinder. The tests that were carried out show up the behaviour of the frictional bearings and demonstrate possibilities of improving efficiency and lifetime. In some cases the tribological behaviour of the bearings with low viscosity HFA and high viscous HFC and HLP are compared. The model test systems prove to be reliable and useful tools for the separate investigation of the individual tribological systems. They therefore are especially suitable to check optimisation steps prior to component testing.

## Vorwort

Diese Arbeit entstand während meiner Tätigkeit als wissenschaftlicher Mitarbeiter am Institut für Hydraulische und Pneumatische Antriebe und Steuerungen, seit 1994 Institut für Fluidtechnische Antriebe und Steuerungen, der RWTH Aachen.

Herrn Professor Backé, meinem Doktorvater, unter dessen Leitung die Arbeit entstanden ist, danke ich für seine Betreuung und sein großes Interesse, das sich in vielen fruchtbaren Diskussionen und wertvollen Anregungen äußerte, wobei er mir stets genügenden Freiraum ließ. Auch über das Fachliche hinaus bin ich Herrn Professor Backé sehr zu Dank verpflichtet.

Den Herren Professoren Gold und Murrenhoff danke ich für die sorgfältige Durchsicht der Arbeit und die Übernahme des Korreferats.

Mit der Drucklegung dieser Arbeit fühle ich mich nun als „echter" Ehemaliger des IHP bzw. IFAS. Meine Zeit am Institut war und ist weit mehr als nur eine Station meines Ausbildungs- und Berufslebens. Jeder, der das Institut und im besonderen seine Mitarbeiter kennt, wird dies ohne weitere Erklärungen verstehen.

Bei der Entstehung dieser Arbeit haben viele Personen direkt oder indirekt mitgewirkt, denen ich hiermit danke. Einige von ihnen verdienen besondere Erwähnung.

Bei der Beantwortung der gelegentlich aufkeimenden Frage „Was mache ich hier eigentlich?" haben mir Marcus Fischer, Jochen Gessat, Frank Keimer, Alexander Kleist, Manfred Mager und - nur infolge der alphabetisch sortierten Nennung als letzter - Klaus Roosen immer wieder helfen können.

Den Herren Peter Klee und Günter Spieker danke ich für ihre intensive Unterstützung bei der Erstellung der Versuchsanordnungen und Prüflinge. Herrn Horst Wingens möchte ich darüber hinaus einen besonderen Dank dafür aussprechen, daß er bei allzu „fliegenden" Versuchsaufbauten hin und wieder ein Auge zudrückte.

Undenkbar wäre die Vielzahl der in dieser Arbeit aufgeführten Versuchsergebnisse ohne die intensive Mithilfe verschiedener Studien- und Diplomarbeiter sowie studentischer Hilfskräfte. Besonders danken möchte ich in diesem Zusammenhang Rui Carrilho, Thomas Dodt, Jochen Fohrer, Jan Jacobs und Frank Keimer.

Meinen Eltern und meiner lieben Gabi danke ich für weit mehr.

Horb, im Oktober 1998 — Steven Donders

# Inhalt

# 0 Formelzeichen und Abkürzungen

## Formelzeichen

| | | |
|---|---|---|
| A | $mm^2$ | Fläche |
| b | mm | Breite |
| C | $m^5/N$ | hydraulische Kapazität |
| d | mm | Durchmesser |
| D | mm | Durchmesser |
| E | $N/m^2$ | Kompressionsmodul |
| F | N | Kraft |
| h | mm, µm | Höhe, Spalthöhe |
| l | m | Länge |
| m | kg | Masse |
| M | Nm | Moment |
| n | 1/min | Drehzahl |
| p | bar, MPa | Druck |
| $\bar{p}$ | $N/mm^2$ | Flächenlast |
| P | W | Leistung |
| q | - | Grad der hydrostatischen Entlastung |
| Q | l/min | Volumenstrom |
| r | mm | Radius |
| R | mm | Radius |
| t | s, min, h | Zeit |
| T | °C | Temperatur |
| U | $mm^4$ | geometrische Konstante |
| v | m/s | Geschwindigkeit |
| V | $cm^3$ | Volumen |
| x | m | Länge |
| y | m | Länge |
| z | - | Anzahl der Kolben |
| $\alpha$ | Grad | Winkel |
| $\beta$ | Grad | Schwenkwinkel |
| $\lambda$ | - | Verhältnis Kurbel-/Pleuellänge |
| $\eta$ | $Ns/m^2$ | dynamische Viskosität |
| $\mu$ | - | Reibwert, Reibkoeffizient |
| $\nu$ | $mm^2/s$ | kinematische Viskosität |
| $\rho$ | $kg/m^3$ | Dichte |
| $\tau$ | $N/mm^2$ | Schubspannung |

| | | |
|---|---|---|
| $\varphi$ | Grad | (Dreh-)Winkel |
| $\psi$ | Grad | Winkel |
| $\omega$ | 1/s | Winkelgeschwindigkeit |

**Indizes**

| | |
|---|---|
| a | außen |
| a | durch Trägheit hervorgerufen |
| A | am Ort A |
| ab | abgeführt |
| B | am Ort B |
| B | Betriebs-, im Betrieb |
| D | Dampf- |
| eff | effektiv |
| Fe | Feder |
| Fl | Fliehkraft |
| ges | Gesamt- |
| GS | Gleitschuh |
| h | hinten, in Laufrichtung hinten |
| HD | auf der Hochdruckseite |
| hm | hydraulisch-mechanisch |
| hydr | hydrodynamisch wirksam |
| K | Kolben |
| KGS | Kolben/Gleitschuh |
| Komp | Kompressions-, durch Kompression hervorgerufen |
| KT | Kolbentrommel |
| L | Leckage-, durch Leckage hervorgerufen |
| m | mittlere, mittleres |
| M | Moment-, ein Moment bewirkend |
| M | Motor-, im Motorenbetrieb |
| max | maximal |
| mech | mechanisch |
| min | minimal |
| N | Nenn-, Normal- |
| ND | auf der Niederdruckseite |
| Normal | Normal- |
| p | Druck-, durch Druckkraft hervorgerufen |
| P | Pump-, im Pumpenbetrieb |
| Q | Quer-, durch Querkraft hervorgerufen |

| | |
|---|---|
| R | Reibung |
| Reib | Reib-, durch Reibung hervorgerufen |
| s | seitlich, in Laufrichtung seitlich |
| S | Schwerpunkts-, im Schwerpunkt angreifend |
| S | Steuerspiegel |
| sonst. | sonstige |
| Sp | Spalt-, im Spalt |
| th | theoretisch |
| tot | Tot- |
| Ü | Übergangs- |
| v | vorn, in Laufrichtung vorn |
| V | Verlust- |
| vol | volumetrisch |
| VS | Verdrängungsströmung |
| w | Wechsel-, im Moment des Wechsels |
| x | in x-Richtung wirkend |
| y | in y-Richtung wirkend |
| zu | zugeführt |
| $\Delta$ | Differenz- |
| $\omega$ | durch Fliehkräfte hervorgerufen |
| 0 | Null, Ausgangs-, Bezugs- |

**Abkürzungen, Bezeichnungen**

| | |
|---|---|
| AKP | Axialkolbenpumpe |
| DMS | Dehnungsmeßstreifen |
| FEM | Finite Elemente Methode |
| HB | Brinell-Härte |
| HFA-E | wasserhaltige Druckflüssigkeit Typ A, Emulsion |
| HFA-S 3% | wasserhaltige Druckflüssigkeit Typ A, 3%ige Lösung |
| HFC 46 | wasserhaltige Druckflüssigkeit Typ C, Viskositätsklasse 46 |
| HLP 32 | additivierte mineralölbasische Druckflüssigkeit (Standard), Viskositätsklasse 32 |
| HV | Vickers-Härte |
| OT | Oberer Totpunkt |
| PC | Personal Computer |
| PVD | Physical Vapour Deposition |
| RKP | Radialkolbenpumpe |
| UT | Unterer Totpunkt |

# 1 Einleitung

## 1.1 Historische Entwicklung der Wasserhydraulik

Die Ursprünge der Hydraulik sind mit dem Druckmedium Wasser fest verknüpft. Bereits aus der Frühzeit geschichtlicher Aufzeichnungen sind Überlieferungen bekannt, in denen die Nutzung der Wasserkraft beschrieben wird. Detaillierte Beschreibungen von Verdrängermaschinen, wie der Zahnradpumpe und verschiedene Kolbenpumpen, sind ab etwa 1600 zu finden. Die hydraulische Presse - eine der ersten Anwendungen, die dem heutigen Verständnis des Begriffes der Hydraulik vollkommen gerecht wird - wird ab etwa 1800 industriell genutzt /B1/.

Bis in das zwanzigste Jahrhundert hinein wird nahezu ausschließlich Wasser als Druckübertragungsmedium eingesetzt /T2/. Erst mit der steigenden Verfügbarkeit von Mineralöl, das bedingt durch die Industrialisierung und die Entwicklung des Automobils zunehmend als Basis für Schmier- und Brennstoffe erschlossen wird, verliert Wasser in hydraulischen Anwendungen an Bedeutung. Mit Mineralöl, das 1905 von Janney erstmals als Druckmedium eingesetzt wird, lassen sich die Probleme von Korrosion, Kavitation und Schmierung verhältnismäßig einfach umgehen. Seither konnten insbesondere auch Pumpen und Rotationsmotoren für hohe Drehzahlen entwickelt werden, die die Basis für die rasante Verbreitung hydraulischer Einzelantriebe mit ihrer hohen Leistungsdichte in der Mitte des zwanzigsten Jahrhunderts bildeten.

Seit der Einführung von Mineralöl als Hydraulikflüssigkeit und der daran gekoppelten Entwicklung kompakter, hoch leistungsfähiger Komponenten für dieses Medium beschäftigten sich Hydraulikspezialisten zum einen mit der weiteren Optimierung der ölhydraulischen Komponenten, zum anderen wurde großer Entwicklungsaufwand bezüglich der Systemtechnik betrieben. Im Vordergrund stand die Entwicklung geregelter Antriebe, die die Vorteile von hoher Systemdynamik und Genauigkeit bei günstigem Energieverbrauch in sich vereinen. Die Wasserhydraulik geriet zunehmend in Vergessenheit. Die Substitution des Mediums Mineralöl durch andere Druckflüssigkeiten erfolgte nur dann, wenn Anforderungen an den Brandschutz, den Arbeitsschutz oder die Produktverträglichkeit dies erforderten und brachte in der Regel hohe Abstriche an die Funktionalität der Hydrauliksysteme mit sich /N1/.

In den letzten Jahren besinnt man sich trotz der technologischen Schwierigkeiten zunehmend der positiven Eigenschaften des Druckmediums Wasser. Der Einsatz von Klarwasser - oder zumindest hoch wasserhaltigen Druckflüssigkeiten - in der Hydraulik wird nun auch aus ökologischen Gründen angestrebt /T2/.

## 1.2 Stand der Forschung und Technik

In der Wasserhydraulik werden heutzutage in den meisten Fällen HFA-Flüssigkeiten eingesetzt. Diese bestehen per Definition zu mindestens 80 Prozent - in der Praxis meist zu mehr als 95 Prozent - aus Wasser /N1/. Verschiedene Anwendungen machen jedoch auch die Verwendung von Klarwasser, Seewasser oder sonstigem Prozeßwasser erforderlich. Als Beispiele sind Einsatzfälle aus der Reinigungstechnik, der Lebensmittelindustrie und der Off-Shore- sowie Reaktortechnik zu nennen /T2/.

Wo möglich bzw. erforderlich werden dem Wasser Zusätze beigemischt, die die Eigenschaften der Flüssigkeiten hinsichtlich des Verschleißschutzvermögens, des Korrosionsschutzes sowie der Beständigkeit verbessern sollen. Zugesetzt werden heutzutage meist Konzentrate, die im Wasser in Lösung gehen und in der Regel keine relevante Viskositätsanhebung bewirken. Emulsionen (**HFA-E***mulsion*) besitzen gegenüber den Lösungen (**HFA-S***olution*) den Nachteil, daß die Flüssigkeit bei längeren Stillstandszeiten der Anlage unter Umständen demulgiert. Darüber hinaus lassen sich HFA-Lösungen feiner filtern. Bei den Emulsionen besteht die Gefahr, daß die Tröpfchen bei Verwendung feiner Filter, wie sie in der Wasserhydraulik wegen der sehr engen Passungen innerhalb der Komponenten erforderlich sind, herausgefiltert werden.

**Bild 1.1** gibt eine Übersicht über die wichtigsten Eigenschaften von niedrigviskosen HFA-Lösungen und herkömmlichem Hydrauliköl des Typs HLP /B1, B3, T2/.

Die Schmier- und Verschleißschutzeigenschaften von HFA-Fluiden werden in starkem Maße durch den hohen Wasseranteil geprägt und ähneln daher in vielen Hinsichten denen von Klarwasser. Durch entsprechende Additivierung wird ein akzeptables Korrosionsschutzvermögen erreicht. Bemühungen, dem Wasser viskositätssteigernde Zusätze beizumischen, die ein mineralölähnliches Schmier- und Verschleißschutzvermögen der Flüssigkeit bewirken, ergaben bislang keine wirklich befriedigenden Ergebnisse /R3/.

Im Vergleich zur Ölhydraulik stellen sich bei der Verwendung von HFA-Flüssigkeiten deutlich ungünstigere Betriebsbedingungen für die Hydraulikkomponenten ein. Durch die niedrige Viskosität der hoch wasserhaltigen Druckflüssigkeiten ist zum Erreichen akzeptabler volumetrischer Wirkungsgrade erhöhter konstruktiver Aufwand erforderlich. Das im Vergleich zu Mineralöl geringere Lasttragevermögen der Schmierfilme führt zu erhöhter Gefahr von Mischreibung und dem damit verbundenen Verschleiß an den Funktionsflächen der Komponenten, dem durch entsprechende konstruktive Ausführung der Bauteile und Einsatz besonders verschleißfester Werkstoffe zu begegnen ist.

Bedingt durch den höheren Dampfdruck und die starke Abhängigkeit des Dampfdruckes von der Temperatur sind hoch wasserhaltige Flüssigkeiten wesentlich kavitationsfreudiger als Mineralöl.

Untersuchungen haben gezeigt, daß die Kavitationserosion bis zu 100 mal stärker ist als bei Mineralöl /B3, R3/.

| | HFA-S 3% | Mineralöl (HLP) |
|---|---|---|
| Kinematische Viskosität bei 40 °C [$mm^2/s$] | 0,7 | 15 - 70 |
| Betriebstemperaturbereich [°C] | +30 - +50 | +60 - +70 |
| maximaler Temperaturbereich [°C] | +5 - +55 | -20 - +90 |
| Viskositäts-Temperatur-Verhalten | unbedeutend | gut |
| Viskositäts-Druck-Verhalten | unbedeutend | gut |
| Dichte bei 50 °C [$kg/m^3$] | 987 | 850 - 920 |
| Volumenausdehnungskoeffizient [1/°C] | $2*10^{-4}$ | $7*10^{-4}$ |
| mittlerer Kompressionsmodul [$N/m^2$] | $2{,}5*10^9$ | $2*10^9$ |
| spezifische Wärme [J/kgK] | 4183 | 1885 |
| Wärmeleitfähigkeit bei 20 °C [W/mK] | 0,6 | 0,11 - 0,14 |
| Flammpunkt [°C] | - | 210 |
| Zündtemperatur [°C] | - | 310 - 360 |
| Zündverzögerungszeit [s] | 35 | < 1 |
| Bunsenkoeffizient $\alpha_V$ bei 20 °C (Luft) [-] | 0,02 | 0,08 - 0,09 |
| Dampfdruck bei 50 °C [bar] | $10^{-1}$ | $10^{-8}$ |
| Erosive Wirkung durch Kavitation | sehr hoch | gering |
| Korrosionsschutz | ausreichend | gut |
| Verschleißschutzvermögen | schlecht | sehr gut |
| Lebensdauer von Wälzlagern und Wellendichtringen [%] | < 10 | 100 |
| Relative Kosten für Flüssigkeit [%] | 10 - 15 | 100 |
| Wassergefährdungsklasse | 0 - 1 | 4 |
| Verwendungshäufigkeit [%] | 4 | 85 |

**Bild 1.1**: Wichtige Eigenschaften von Mineralöl und niedrigviskosem HFA im Vergleich

Intensive Arbeit auf dem Gebiet der Wasserhydraulik in den letzten Jahren führte zur Entwicklung schnellaufender Kolbenpumpen hoher Leistungsdichte für den Betrieb mit Druckmedien auf Wasserbasis. Die Pumpen erreichen im Druckbereich bis 31,5 MPa Wirkungsgrade, die sich mit denen ölhydraulischer Komponenten vergleichen lassen. Ebenso konnte eine erhebliche Steigerung der Lebensdauer der Pumpen erreicht werden /R3/. Aufgrund der Verschleißproblematik sind jedoch verschiedene hydraulische Bauelemente, deren Verfügbarkeit und zuverlässige Funktionsweise in der Ölhydraulik seit Jahrzehnten als selbstverständlich gilt, für den Betrieb mit hoch wasserhaltigen Druckflüssigkeiten nicht erhältlich.

Zur Zeit sind aufgrund der hohen Anforderungen, die der Betrieb mit hoch wasserhaltigen Flüssigkeiten an die Komponenten stellt, keine zuverlässigen Hochdruckmotoren ($p_N$ = 31,5 MPa) für diese Medien bekannt. In der Literatur findet man lediglich einzelne Hinweise darauf, daß erste Versuche mit entsprechenden Komponenten nicht zu befriedigenden Ergebnissen führten. Berichtet wird von Erprobungen, bei denen Motoren verschiedener Bauarten nur bei Betriebsdrükken unterhalb von 14 MPa akzeptable Standzeiten erreichten /F1, N2, S1, S2/.

In jüngster Vergangenheit wurde seitens der Komponentenhersteller vermehrt an der Entwicklung der geforderten Rotationsmotoren gearbeitet, so daß einzelne Hersteller seit etwa zwei bis drei Jahren entsprechende Maschinen anbieten. Die Komponenten können größtenteils auch mit Klarwasser betrieben werden. In den meisten Fällen ist der zulässige Betriebsdruck jedoch auf etwa 16 MPa beschränkt /T2/.

Bezüglich des Entwicklungsstandes von Stetigventilen für die Wasserhydraulik, wie sie zur Widerstandssteuerung von Verbrauchern oder auch für den Aufbau von energetisch günstigen Verdrängersteuerungen erforderlich sind, muß festgestellt werden, daß keine Komponenten erhältlich sind, die annähernd den Stand der Ölhydraulik auf diesem Gebiet erreichen. Durch die Problematik des Verschleißes und der überhöhten Leckage ist das für den Betrieb mit Mineralöl weitgehend ausgereifte Prinzip der Schieberbauweise nicht ohne weiteres auf den Einsatz mit HFA-Flüssigkeiten übertragbar /B3, T2/. Insbesondere treten bei Verwendung wasserbasischer Medien Kavitationserscheinungen und die damit verbundene erosive Schädigung der Bauteile in den Vordergrund. Hierdurch ist die zulässige Druckdifferenz an den Steuerkanten der Ventile stark eingeschränkt. In der Literatur wird häufig ein Wert von 7 MPa als maximal kavitationsfrei an einer Steuerkante abzubauende Druckdifferenz angegeben /C2/. Darüber hinaus hat eine Feststoffverschmutzung des Mediums durch die gegenüber der Verwendung von Mineralöl höheren Strömungsgeschwindigkeiten in den Dichtspalten der Ventile eine weitaus stärkere Schädigung an den Dichtkanten bzw. an Ventilsitz und -kegel zur Folge. /D1/

Insgesamt sind die Einsatzmöglichkeiten der Wasserhydraulik im Antriebsbereich zur Zeit noch stark eingegrenzt. Hydraulische Einzelantriebe mit schnellaufenden Pumpen und Motoren bleiben meist auf Leistungen von wenigen kW beschränkt und arbeiten bei Dauerdrücken von 14 MPa, in Einzelfällen auch 21 MPa. Der Aufbau verdrängergesteuerter rotatorischer Antriebssysteme ist mit den derzeit am Markt erhältlichen Komponenten nicht möglich.

Die Entwicklung und Optimierung hydraulischer Ventile und Verdrängereinheiten ist noch heute stark von empirischer Vorgehensweise geprägt. Die Komplexität der in den tribologischen Systemen ablaufenden Vorgänge erschwert die Bildung geeigneter mathematischer Modelle für die Rechnersimulation. Verschleißfragen lassen sich in der Simulation noch nicht mit genügender Genauigkeit erfassen. Erst in jüngster Zeit wurden Simulationsprogramme entwickelt, die die Vorauslegung der charakteristischen Tribosysteme hydraulischer Verdrängereinheiten ermöglichen. Um diese anwenden zu können, sind jedoch Angaben bezüglich verschiedener Werkstoffkennwerte, darunter auch Reibwerte, erforderlich, die in der Regel nur auf experimentellem Wege zu ermitteln sind. Geringe Form- und Oberflächenabweichungen haben große Auswirkungen auf die tribotechnischen Eigenschaften der Reibpaarungen und müssen daher in der Simulation ebenfalls Berücksichtigung finden. Darüber hinaus ist noch nicht hinreichend geklärt, welche Auswirkung die belastungsbedingte Verformung von Bauteilen in der Praxis hat. Unabhängig davon können jedoch wesentliche Optimierungsschritte bereits heute anhand solcher Simulationsprogramme sehr gut beurteilt werden /K1/.

## 1.3 Zielsetzung und Vorgehensweise

Hydrostatische Schrägscheibenmaschinen verfügen über verschiedene Gleitlagerstellen, deren Güte in entscheidendem Maße das Wirkungsgradverhalten und die Standzeit des Aggregats bestimmen (**Bild 1.2**).

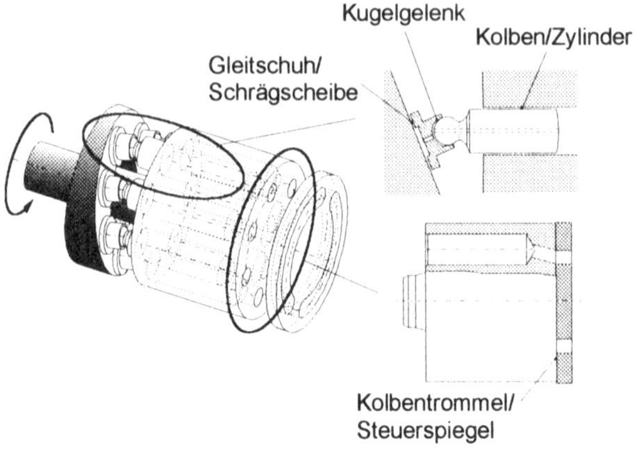


**Bild 1.2**: Kombinierte Dicht- und Lagerelemente der Verdrängerbaugruppe einer Axialkolbenmaschine in Schrägscheibenbauweise

Die hoch belasteten Axiallager werden in der Regel hydrostatisch entlastet, wobei im Interesse eines günstigen volumetrischen Verhaltens der Maschine hohe Ansprüche bezüglich der Leckageverluste dieser Gleitlagerungen gestellt werden /B1, I1/. Gleichzeitig sollen jedoch auch die Reibungsverluste möglichst gering sein. Dies ist umso wichtiger, wenn die Einheiten im Motorbetrieb eingesetzt werden sollen. Während Pumpen in der Stationärhydraulik in der Regel direkt an einen Elektromotor mit ca. 1.500 bzw. 3.000 U/min angekoppelt sind und beim Einschalten erst nach Erreichen der Nenndrehzahl druckbelastet werden, wird an Hydraulikmotoren häufig die Anforderung gestellt, unter Last aus dem Stillstand anzulaufen und auch bei kleinen Drehzahlen hohe Momente abzugeben. In solchen Betriebspunkten wird die hydrostatische Entlastung der Gleitlager in nur unzureichendem Maße durch hydrodynamische Effekte unterstützt, die die Reibung und damit den Verschleiß mindern.

Komponentenversuche gestalten sich in der Vorbereitung und der Durchführung in der Regel sehr aufwendig. Die Zuordnung der Verluste zu den einzelnen Tribosystemen ist nur mit großem versuchstechnischen und analytischen Aufwand möglich. Ein wesentliches Ziel der Arbeiten war es daher, einfache Modellkonfigurationen herzuleiten, mit denen sich experimentelle Reibungs- und Leckageuntersuchungen an den Tribosystemen durchführen lassen. Es stellte sich die Aufgabe, verschiedene Versuchsanordnungen zu entwickeln, auf denen die tribologischen Systeme Gleitschuh/Schrägscheibe, Kolben/Zylinder und Kolbentrommel/Steuerspiegel von Kolbenverdrängern in Axialkolbenbauart hinsichtlich Reibung und Leckage untersucht werden können. Bei der Entwicklung der Modellanordnungen sollte hoher Wert auf eine möglichst einfache Gestaltung der Prüfkörper bei gleichzeitig hoher Realitätsnähe gelegt werden.

Mit Hilfe der Modellprüfstände sollte Aufschluß darüber gewonnen werden, welche Anteile der Gesamtverluste einer wasserhydraulischen Schrägscheibenmaschine die obengenannten charakteristischen Tribosysteme verursachen. Die Überprüfung der Qualität der im Modellversuch erhaltenen Meßergebnisse sollte durch Zusammenführung der Verlustanteile und Vergleich der Verlustsumme mit den Ergebnissen von Komponentenversuchen erfolgen.

Ein weiteres wesentliches Ziel der Arbeit bestand darin, verschiedene Untersuchungen zum Betriebsverhalten der typischen Gleitlagerungen von Schrägscheibenmaschinen für die Wasserhydraulik durchzuführen. Ziel dieser Untersuchungen war es, grundlegende Erkenntnisse über die Einflußnahme einzelner konstruktiver Parameter sowie der wesentlichen Betriebsparameter auf Reibung und Leckage der Gleitlagerungen der Verdrängerbaugruppe zu erhalten.

Der Anschaulichkeit halber wurden bei den Versuchen solche Bauteile eingesetzt, wie sie in einer Schrägscheibenmaschine kleiner bis mittlerer Baugröße ($V = 31{,}70\ cm^3$, $n = 1.500$ U/min, $p_{max} = 31{,}5$ MPa, $P_N =$ ca. 25 kW) zu finden sind. Die grundlegende Kenntnis des Betriebsverhaltens dieser ausgewählten tribologischen Systeme von Kolbenmaschinen bei Betrieb mit niedrigviskosen HFA-Medien soll dem Konstrukteur Hilfestellung bei der Auslegung solcher Gleitlagerungen geben. Im Rahmen der Untersuchungen wurde insbesondere auch deutlich, an welchen Stellen bei der Auslegung der Bauteile besonderer Aufwand erforderlich ist und welche Bereiche weniger problematisch sind.

# 2 Gleitlagerungen in hydraulischen Verdrängereinheiten

## 2.1 Prinzipielles Betriebsverhalten und allgemeine Anforderungen

Das Betriebsverhalten von Gleitlagerungen wird von einer Vielzahl von Einflußfaktoren bestimmt. **Bild 2.1** zeigt ein tribologisches System im Schema und die zugehörigen Systemgrößen, die letztendlich das Betriebsverhalten prägen.

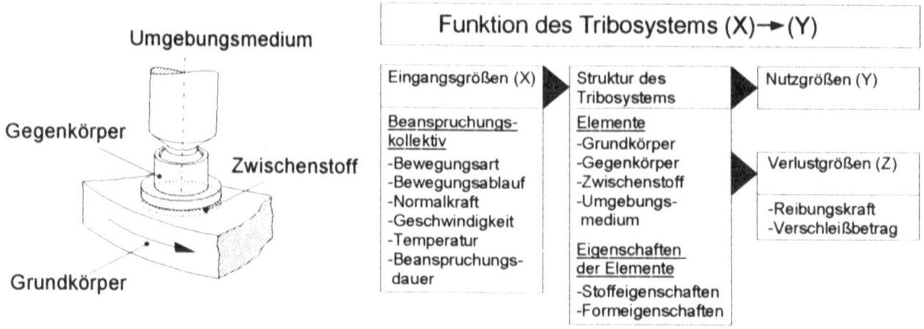


**Bild 2.1**: Aufbau und Funktionsstruktur eines tribologischen Systems

Die Vielfalt der Einflußfaktoren macht es erforderlich, ein tribologisches System stets in seiner Gesamtheit zu betrachten.

**Bild 2.2** zeigt den qualitativen Zusammenhang zwischen dem Reibwert eines kontinuierlich bewegten Tribosystems und der Relativgeschwindigkeit zwischen den Reibpartnern bei gleichbleibender Last und konstanter Viskosität des Zwischenstoffes.

Bei Stillstand der Gleitlagerung gilt annähernd das Gesetz Coulomb'scher Festkörperreibung. Im Mischreibungsgebiet, dem links im Bild grau hinterlegten Bereich, fällt der Reibwert mit zunehmender Relativgeschwindigkeit ab. In diesem Geschwindigkeitsbereich stehen die Reibpartner noch miteinander in Kontakt. Mit zunehmender Relativgeschwindigkeit erhöhen sich die hydrodynamischen Traganteile durch Schleppströmung im Spalt zwischen den beiden Bauteilen. Hierdurch wird der Festkörperkontakt entlastet und somit das Reibverhalten günstig beeinflußt. Nach Erreichen der Übergangsgeschwindigkeit erfolgt eine vollständige Trennung der Reibpartner voneinander, die Last wird sodann von einem geschlossenen Schmierfilm getragen (Flüssigkeitsreibung). Der Punkt minimalen Reibwertes ist innerhalb des Mischreibungsgebietes in der Nähe der Übergangsgeschwindigkeit zu finden. Zur Minimierung des Verschleißes wird jedoch in der Praxis in der Regel ein Arbeitspunkt angestrebt, bei dem ein ausreichender Abstand zum Mischreibungsgebiet besteht.

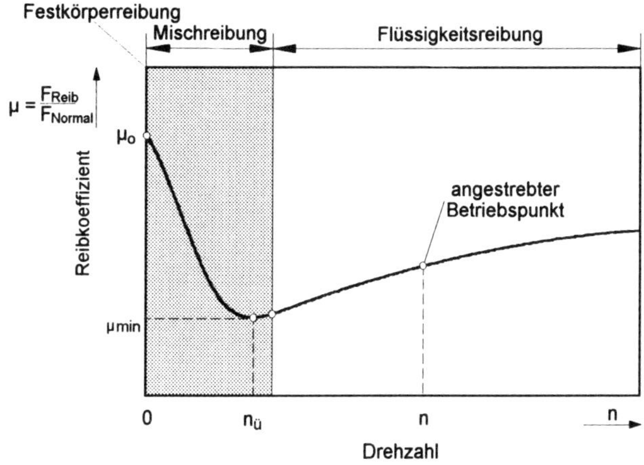


**Bild 2.2**: Qualitativer Verlauf des Reibwertes über der Relativgeschwindigkeit

Die Betriebssicherheit der Gleitlager wird in starkem Maße von der geometrischen Auslegung der Lagerbauteile bestimmt. Der Betrieb eines Tribosystems im Mischreibungsgebiet ist generell mit abrasivem Verschleiß verbunden. Die Rauhigkeitsspitzen der Bauteile berühren sich, durch Mikrozerspanung und -furchung wird Material abgetragen. Um Mischreibung weitgehend zu vermeiden, werden die hochbelasteten Lagerstellen in Kolbenverdrängern soweit möglich hydrostatisch entlastet. Dabei werden der Betriebsdruck der Einheit bzw. einzelne Zylinderdrücke dazu genutzt, einen Großteil der zwischen den Lagerelementen wirkenden Normalkräfte mittels eines unter hydrostatischem Druck stehenden Flüssigkeitspolsters abzustützen. Die verbleibende Kraft wird im Idealfall durch hydrodynamische Traganteile aufgefangen.

Mischreibung führt an nicht nachstellenden Dichtspalten, wie beispielsweise der Kolben/Zylinder-Paarung einer Verdrängereinheit, zu einer bleibenden Spaltaufweitung mit entsprechendem Leckageanstieg. Im Falle nachstellender Spalte, wie z.B. bei den Systemen Kolbenschuh/Schrägscheibe oder Kolbentrommel/Steuerspiegel, kann der Verschleiß in gewissem Ausmaß durch erneute Einlaufvorgänge ausgeglichen werden. Hierdurch kann nach einem temporären Abfall des volumetrischen Wirkungsgrades einer Komponente nach erneuten Einlaufvorgängen wieder der Ausgangswert erreicht werden.

Gegenüber der abrasiven Belastung, die zu einer Zeitfestigkeit der beanspruchten Bauteile führt, kann adhäsiver Verschleiß bereits bei einer einmaligen Überlastung auftreten. So kann ein in den Funktionsspalt eingedrungener Metallpartikel Auslöser für eine adhäsive Reaktion des Gleitlagers sein, die in der Regel zum Totalausfall der betroffenen Bauteile führt.

Die Reibungsverluste sind bei reiner Flüssigkeitsreibung von der Betriebsviskosität des Schmierstoffes abhängig. Läßt sich Mischreibung nicht vermeiden, so wird die Höhe der Reibung von den Werkstoffeigenschaften der beiden Reibpartner, deren Oberflächenbeschaffenheit sowie den Schmiereigenschaften der Flüssigkeit geprägt.

## 2.2 Spezielle Anforderungen bei Verwendung niedrigviskoser, hoch wasserhaltiger Druckflüssigkeiten

Die Eigenschaften des eingesetzten Schmierstoffes haben entscheidenden Einfluß auf das Betriebsverhalten der Gleitlager. Von Bedeutung ist insbesondere die Betriebsviskosität des Mediums, da diese die Tragfähigkeit des Schmierfilms maßgeblich bestimmt. Mit steigender Viskosität erhöht sich prinzipiell die Tragfähigkeit des Schmierfilms. Nicht verdickte HFA-Flüssigkeiten weisen mit 0,7 $mm^2/s$ bei 40° C eine kinematische Viskosität auf, die der von reinem Wasser entspricht und um etwa den Faktor 30 bis 50 unter der üblichen Betriebsviskosität von mineralölbasischen Hydraulikflüssigkeiten liegt.

**Bild 2.3** zeigt die kinematische Viskosität einer 3-prozentigen HFA-Lösung und eines Mineralöls des Typs HLP 32 in Abhängigkeit der Temperatur.

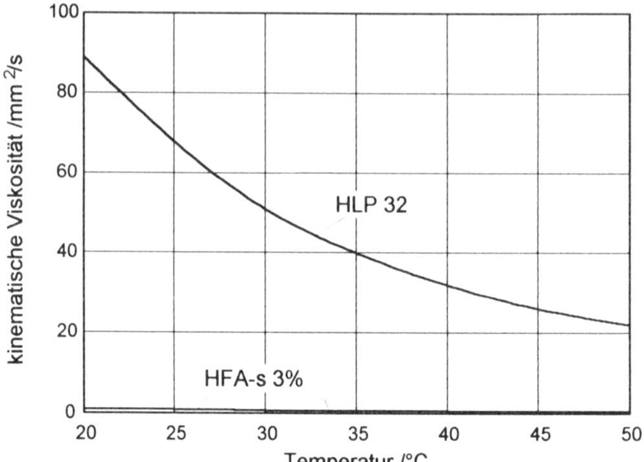


**Bild 2.3**: Viskositäts-Temperatur-Verlauf für HFA-s 3% und HLP 32

Bedingt durch die niedrige Viskosität und einen nur schwach ausgeprägten Viskositätsanstieg bei Druckerhöhung (**Bild 2.4**) ist die Gefahr von Mischreibung bei Verwendung hoch wasserhaltiger Druckflüssigkeiten vergleichsweise hoch. Durch das schlechte Viskositäts-Druck-Verhalten der

HFA-Medien sind insbesondere Hertz'sche Pressungen problematisch. Der fehlende Selbstverstärkungseffekt der hoch wasserhaltigen Druckflüssigkeiten macht beispielsweise die Verwendung von Wälzlagern nur unter erheblichen Einschränkungen möglich.

Durch die beschriebenen Eigenschaften der hoch wasserhaltigen Flüssigkeiten stellen sich im Vergleich zum Betrieb mit Mineralöl tendentiell engere Gleitspalte mit der erhöhten Gefahr von Mischreibung ein. Darüber hinaus entweicht an den Spalten, an denen eine Druckdifferenz anliegt, verhältnismäßig viel Flüssigkeit. Der Einsatz niedrigviskoser Flüssigkeiten macht es somit erforderlich, besondere Maßnahmen gegen die aufgeführte Problematik zu treffen.

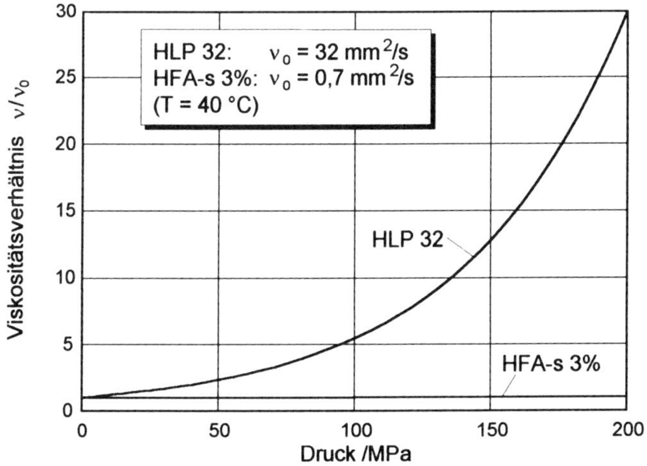


**Bild 2.4**: Viskositäts-Druck-Verlauf für HFA-s 3% und HLP 32

### 2.2.1 Wirkungsgradverhalten

**Bild 2.5** zeigt die wesentlichen Verluststellen der Verdrängerbaugruppe einer Schrägscheibenmaschine.

Bezüglich der Verluste muß zwischen volumetrischen und mechanischen Verlustanteilen unterschieden werden.

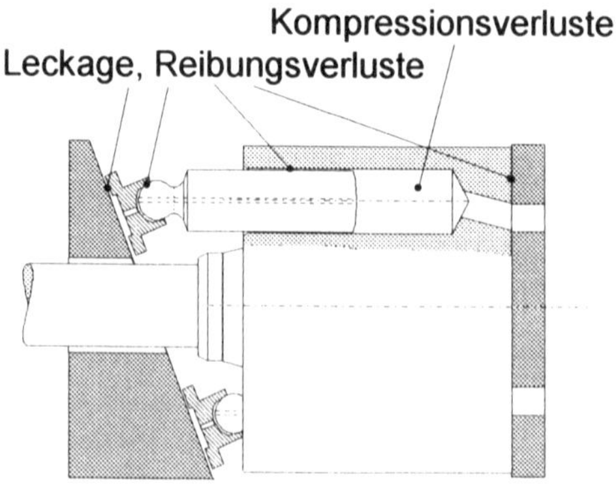


**Bild 2.5**: Verluste an der Verdrängerbaugruppe einer Schrägscheibenmaschine

Die volumetrische Verlustleistung bestimmt sich zu:

$$P_{vol} = \sum_{i=1}^{n} Q_{V,i} \cdot \Delta p_i \,, \qquad \text{Gl. 2.1}$$

während die rein mechanische Verlustleistung:

$$P_{mech} = \sum_{i=1}^{n} M_{V,i} \cdot \omega_i \qquad \text{Gl. 2.2}$$

beträgt. Die volumetrischen Verluste beinhalten alle Leckagen sowie Kompressionsölströme, während die mechanischen Verluste jegliche Verluste durch Reibung enthalten.

Der Wirkungsgrad einer Verdrängereinheit errechnet sich zu:

$$\eta_{ges} = \frac{P_{ab}}{P_{zu}} = \eta_{vol} \cdot \eta_{hm} \,, \qquad \text{Gl. 2.3}$$

und kann nach:

$$\eta_{vol,P} = \frac{Q_{eff}}{Q_{th}} \text{ (Pumpenbetrieb) bzw. } \eta_{vol,M} = \frac{Q_{th}}{Q_{eff}} \text{ (Motorbetrieb) und} \qquad \text{Gl. 2.4}$$

$$\eta_{hm,P} = \frac{M_{th}}{M_{eff}} \text{ (Pumpenbetrieb) bzw. } \eta_{hm,M} = \frac{M_{eff}}{M_{th}} \text{ (Motorbetrieb)} \qquad \text{Gl. 2.5}$$

in volumetrische und hydraulisch-mechanische Verluste für Pumpe bzw. Motor unterteilt werden.

Nach der Hagen-Poiseuille'schen Gleichung gilt für die laminare Strömung innerhalb der Dichtspalte:

$$Q = \frac{b \cdot h^3}{12 \cdot \eta \cdot l} \cdot \Delta p . \qquad \text{Gl. 2.6}$$

Die Spaltweite geht in dritter Potenz in die Durchflußgleichung ein und hat somit einen hohen Einfluß auf den volumetrischen Wirkungsgrad. Hieraus resultiert die Forderung, daß alle Dichtspalte in hydrostatischen Maschinen möglichst eng zu gestalten sind. In diesem Sinne sind hydrostatische Lagerungen nur teilentlastet auszuführen, so daß eine verbleibende Kraft über Bauteilkontakt oder die hydrodynamische Entlastung getragen werden muß.

Gegenüber der Verwendung hochviskoser Medien liegt die Übergangsgeschwindigkeit beim Einsatz der niedrigviskosen HFA-Flüssigkeiten vergleichsweise hoch. Das Mischreibungsgebiet ist weiter ausgedehnt als beim Einsatz hochviskoser Medien. Bei niedrigen Verdrängerdrehzahlen entstehen an den in Bild 2.5 gekennzeichneten Stellen z.T. erhebliche Reibungsverluste durch Mischreibung. Auf der anderen Seite sind die Reibungsverluste bei Vollschmierung, d.h. bei reiner Flüssigkeitsreibung der Gleitlager, beim Einsatz niedrigviskoser Flüssigkeiten trotz engerer Spalte zwischen den bewegten Bauteilen deutlich geringer als bei der Verwendung hochviskoser Flüssigkeiten. Messungen hierzu finden sich in Kapitel 4.

### 2.2.2 Verschleißproblematik

Durch die volumetrisch bedingte Erfordernis enger Spalte sind HFA-geschmierte Gleitlager besonders verschleißgefährdet. Übliche Durchmesserspiele in Kolbenmaschinen für die Wasserhydraulik betragen etwa 10-15 µm für die Kolben/Zylinderpaarung einer Maschine mittlerer Baugröße. Die weitere Reduktion dieses Funktionsspaltes ist nur bei sehr engen Formtoleranzen der Kolbenmantelfläche und der Zylinderbohrung möglich. Unter Umständen bereiten dann auch thermische Effekte Schwierigkeiten, wodurch der Kolben in der Zylinderbohrung klemmen kann. Die nachstellenden Spalte zwischen Kolbentrommel und Steuerspiegel sowie zwischen Gleitschuh und Schrägscheibe stellen sich bei niedrigviskosen Flüssigkeiten auf Werte von nur wenigen Mikrometern ein.

Durch die engen Funktionsspalte ist zum einen die Gefahr von Mischreibung und daraus resultierendem abrasiven oder sogar adhäsiven Verschleiß besonders hoch, andererseits steigt die Empfindlichkeit der Bauteilpaarungen gegenüber Feststoffpartikeln in der Flüssigkeit. Mineralische Partikel wirken aufgrund ihrer hohen Härte besonders aggressiv, wenn sie von der Flüssigkeit mit hohen Geschwindigkeiten durch enge Spalte transportiert werden oder in die Spalte zwischen relativ zueinander bewegten Bauteilen einwandern.

Bei Mischreibung treten die Verschleißerscheinungsformen **Abrasion** und **Adhäsion** in den Vordergrund, sowie als Produkt der Beanspruchung bei Mischreibung die **Tribooxidation**. Wird der Verschleiß durch Feststoffverschmutzung hervorgerufen, so ist nach **Partikelabrasion** und **Par-**

**tikelerosion** zu unterscheiden. Für die Wasserhydraulik ist darüber hinaus eine besondere Form der **Oberflächenzerrüttung**, die **Kavitationserosion** von Bedeutung. In der Praxis wird der Verschleiß meist von der überlagerten Einwirkung mehrerer Verschleißwechselwirkungen hervorgerufen.

Als **Abrasion** bezeichnet man den durch ritzende Beanspruchung stattfindenden Materialabtrag. Abrasion tritt dann auf, wenn die relativ zueinander bewegten Reibpartner des Tribosystems nicht über einen geschlossenen Schmierfilm voneinander getrennt werden. Harte Rauhigkeitsgipfel des Grund- bzw. Gegenkörpers zerspanen den anderen Reibpartner, wobei der weichere der beiden Körper durch den Mikrozerspanungsprozeß im allgemeinen stärker abrasiv geschädigt wird. Verschleiß durch Abrasion kann durch die Kombination entsprechend harter Werkstoffe bei geeignetem Härtegefälle gemindert werden.

Bei der **Adhäsion** treten durch abwechselnde Ausbildung und Trennung von Grenzflächenhaftbrücken Kaltverschweißungen und Freßerscheinungen an den Oberflächen der Reibpartner auf. Bei der Entstehung der Haftbrücken werden die durch eine Reaktion zwischen Metall und Zwischenstoff entstandenen Zwischenschichten (Adsorptions- und Oxidschichten), die die Adhäsionsneigung mindern, durchbrochen. Ist das Materialgefüge von Grund- und Gegenkörper ähnlich, so ist die Adhäsionsneigung bei Kontakt der Reibpartner besonders hoch. Das Ausmaß der Schädigung wird durch die Scherfestigkeit im Bereich der Haftbrücken bestimmt. Ist die Scherfestigkeit in zunehmender Entfernung von der Kontaktzone größer als in der Kontaktzone selbst, so bricht die Haftbrücke im Kontakt der beiden Körper, der Schaden bleibt gering. Wenn jedoch die Haftbrücke eine größere Scherfestigkeit als einer der Werkstoffe selbst aufweist, so werden ganze Partikel aus der Oberfläche herausgelöst, es findet ein Materialübertrag statt. Im Gegensatz zu den anderen Verschleißmechanismen gibt es bei der Adhäsion keine Zeitfestigkeit. Bereits eine kurze Überlastung kann den Freßverschleiß auslösen und die Reibpartner zur Unbrauchbarkeit schädigen. Im Gegensatz zu abrasivem Verschleiß können Adhäsionsschäden i.d.R. nicht durch Nachstell- bzw. erneute Einlaufvorgänge ausgeglichen werden.

In diesem Zusammenhang sei ferner die **Tribooxidation** erwähnt, die in der Regel günstigen Einfluß auf den Bauteilverschleiß nimmt. Bei der Tribooxidation bilden sich durch die Wirkung der Reibbeanspruchung harte, das Grundmaterial schützende Reaktionsschichten. Hierbei kommt es zur Reaktion zwischen den Gleitlagerbauteilen, dem Zwischenstoff und dem darin enthaltenen Sauerstoff. Durch die Ausbildung von Tribooxidationsschichten können Abrasion und Adhäsion gemindert werden. Der Effekt der Tribooxidation ist daher im allgemeinen erwünscht. Die entstandenen Oxidschichten werden im Betrieb abgetragen und bilden sich ständig neu. Voraussetzung für die kontinuierliche Neubildung der Schichten ist, daß neben dem Sauerstoff im Zwischenmedium eine genügend große Reibwärme in der Kontaktzone der Bauteile die tribochemische Reaktion aktiviert /U1/.

Bei der **Partikelabrasion** werden Funktionsflächen durch Partikel, die in den Spalte zwischen relativ zueinander bewegten Bauteilen eingewandert sind, gefurcht und geritzt. Die Zerspanungsenergie wird durch die Relativbewegung der Bauteile aufgebracht. Wie umfangreiche Untersuchungen verschiedener Autoren ergeben haben, nimmt das Verhältnis der Partikelgröße zur Spalthöhe wesentlichen Einfluß auf das Verschleißausmaß. Mit steigendem Verhältnis von Partikelgröße zu Spalthöhe steigt bei ansonsten gleichen Parametern der Verschleiß /J1/. Von wesentlicher Bedeutung bezüglich des Verschleißes durch Feststoffverschmutzung ist das Zusammenspiel der Werkstoffeigenschaften. Bei sehr harter mineralischer Verschmutzung müssen entsprechend harte und abriebfeste Werkstoffe für die Gleitlagerbauteile ausgewählt werden. Durch sinnvolle Auswahl des Härteunterschiedes zwischen den Lagerbauteilen und deren Zähigkeit muß zudem vermieden werden, daß sich harte Partikel im zu weichen Werkstoff einlagern. In dieser Hinsicht sind beispielsweise übliche Lagerbronzen als ungünstig einzustufen.

Bei der **Partikelerosion** treffen die in der Flüssigkeit mitgeführten Partikel mit hoher kinetischer Energie auf die Bauteiloberflächen auf, wodurch feine Partikel aus der Oberfläche spanend herausgelöst werden. Von entscheidender Bedeutung für die Erosionsresistenz ist wiederum die Härte der verwendeten Werkstoffe.

Bei der **Oberflächenzerrüttung** werden oberflächennahe Werkstoffbereiche durch punktuelle Stoßbeanspruchung versprödet. Es bilden sich Mikrorisse, die sich zunehmend ausbreiten, bis Werkstoffpartikel aus dem Verbund herausgelöst werden. Oberflächenzerrüttung kann häufig an hoch beanspruchten Wälzlagern oder Zahnrädern festgestellt werden, wenn diese durch hohe Hertz'sche Pressungen belastet werden. Herkömmliche Wälzlager werden bei Schmierung mit hoch wasserhaltigen Flüssigkeiten infolge des fehlenden Viskositätsanstiegs bei Druckerhöhung schnell durch Oberflächenzerrüttung zerstört. Wälzlager müssen daher beim Einsatz in wasserhydraulischen Verdrängereinheiten gekapselt und durch Öl oder Fett geschmiert werden.

In der Wasserhydraulik wird Oberflächenzerrüttung auch durch Einwirkung von Kavitation, d.h. implodierende Dampf- oder Gasblasen, hervorgerufen. Der auf diese Weise entstandene Verschleiß nennt sich **Kavitationserosion**. Kavitationsblasen entstehen dann, wenn der statische Flüssigkeitsdruck einen kritischen Wert unterschreitet, der in der Nähe des Dampfdruckes der Flüssigkeit liegt. Dies kann zum einen durch statische Druckabsenkung infolge beispielsweise ungünstig gestalteter Saugleitungen verursacht werden, zum anderen können die Strömungsgeschwindigkeiten Werte annehmen, die zu einem Abfall des statischen Druckes führen. Infolge des gegenüber Mineralöl ($p_{D,Öl} = 10^{-8}$ bar bei 40 °C) vergleichsweise hohen Dampfdruckes der hoch wasserhaltigen Druckflüssigkeiten ($p_{D,HFA} = 10^{-1}$ bar bei 40 °C) ist die Gefahr des Unterschreitens des kritischen Druckes bei wasserbasischen Druckflüssigkeiten hoch. Insbesondere in den Steuerquerschnitten von Ventilen oder bei der Druckkommutierung von schlitzgesteuerten Verdrängermaschinen können hohe Strömungsgeschwindigkeiten erreicht werden, wodurch der statische Flüssigkeitsdruck lokal abfällt und Kavitationsblasen entstehen. Gelangen die von der Flüssigkeit mitgerissenen Dampf- und Gasblasen nachfolgend in Gebiete höheren Druckes, so fallen sie schlagartig in sich zusammen. Bei Implosion der Blasen in unmittelbarer Nähe von Bauteiloberflächen werden diese durch Druckstöße punktuell belastet und es kommt nach längerer Einwirkdauer zur Oberflächenzerrüttung. Neben der direkten Beschädigung von Bauteilen führt Kavitation zu z.T. erheblicher Geräuschentwicklung und zu Funktionsstörungen an hydraulischen Anlagen durch die kompressible Gasphase. Auch ist die Gefahr der Schädigung nachfolgender Bauteile durch die herausgelösten Metallpartikel gegeben. Kavitation ist der Hauptgrund dafür, daß wasserhydraulische Stetigventile nur bei kleinen Betriebsdruckdifferenzen eingesetzt werden können.

Mit der Untersuchung der Verschleißempfindlichkeit hydraulischer Komponenten befassen sich verschiedene Arbeiten /D1, J1, R3, L1/. Schwerpunkt bilden dabei Untersuchungen zur Verschmutzungsempfindlichkeit hydraulischer Bauteile bei Verwendung verschiedener Drückflüssigkeiten und die Entwicklung von verschleißreduzierenden Maßnahmen. Dabei hat Rinck /R3/ aufgezeigt, daß sich der Verschleiß durch Feststoffverschmutzung bei HFA-Schmierung gegenüber der Verwendung von Mineralöl erheblich verschärft. Dies verdeutlicht einerseits, wie wichtig eine sehr feine Filterung der HFA-Flüssigkeiten im Betrieb ist, auf der anderen Seite zeigt sich jedoch auch die Notwendigkeit, die Komponenten durch verschleißgerechte Konstruktion und die Auswahl verschleißresistenter Werkstoffe verschleißbeständiger auszuführen.

# 3 Untersuchungen zum Reibungs- und Verschleißverhalten von Werkstoffpaarungen am Modell

In der Wasserhydraulik kommt der Auswahl verschleißbeständiger Werkstoffe bzw. Werkstoffpaarungen infolge der häufig mangelhaften Schmiereigenschaften der eingesetzten Medien eine besonders hohe Bedeutung zu. Bezüglich der Beständigkeit gegenüber einzeln oder in Kombination wirkenden Verschleißwechselwirkungen ist zu beachten, daß diese für die jeweilige Konfiguration des Tribosystems (Geometrie, Werkstoffe, Schmierstoff, Belastungskollektiv...) sehr unterschiedlich sein kann und daher im einzelnen zu untersuchen ist. Bei Betrieb der Tribosysteme im Mischreibungsgebiet werden zudem günstige Reibwerte gefordert.

Die in diesem Kapitel aufgeführten Ergebnisse entstammen Versuchen, bei denen das Reibungsverhalten und die Verschleißbeständigkeit ausgewählter Werkstoffpaarungen bei Mischreibungsbetrieb Gegenstand der Untersuchung waren. Die Beständigkeit gegenüber Belastung durch Feststoffverschmutzung der Druckflüssigkeit oder durch Kavitation wurden nicht näher untersucht. Diesbezüglich sei auf entsprechende Literatur verwiesen /B3, R3/.

In der Fluidtechnik wurde bei der Auswahl von Lagerwerkstoffen bislang in erster Linie auf altbekannte und in vielen Fällen sicherlich auch den Ansprüchen genügende Werkstoffkombinationen wie z.B. Bronzen in Kombination mit wärmebehandelten Stählen zurückgegriffen. Durch die im Sinne der technischen Weiterentwicklung zunehmende Leistungsdichte werden jedoch ständig steigende Anforderungen an die Belastbarkeit der Bauteilkontakte von Maschinen gestellt. Die konventionellen Werkstoffpaarungen haben in vielen Fällen ihre Einsatzgrenzen erreicht. Voraussetzung für die weitere Steigerung der Belastbarkeit ist die Erschließung neuartiger Werkstoffe, wie z.B. Hartstofflegierungen, Keramiken oder auch Oberflächenbeschichtungen, die der Fluidtechnik bisher aufgrund mangelnder Erfahrungen in den entsprechenden Anwendungen verschlossen blieben.

Die Erprobung verschiedener Werkstoffkombinationen im Komponentenversuch ist sehr zeitaufwendig und wirtschaftlich kaum vertretbar. Zur Untersuchung der Reibungs- und Verschleißeigenschaften von Werkstoffkombinationen wurde daher am IFAS ein spezieller Reibungsprüfstand entwickelt und aufgebaut, mit dem sich die Reibwerte sowie die Beständigkeit gegenüber abrasivem und adhäsivem Verschleiß an einem tribologischen Modell ermitteln lassen. Die im Rahmen dieser vergleichenden Untersuchungen erhaltenen Ergebnisse geben Anhaltspunkte für die zu erwartenden Verbesserungen bei der Ausführung realer Tribosysteme aus den entsprechenden Werkstoffkombinationen und ermöglichen so die Vorauswahl vielversprechender Werkstoffkombinationen zwecks näherer Untersuchung.

### 3.1 Versuchsanordnung

In **Bild 3.1** ist das Reibungsmodell dargestellt, mit dem die vergleichenden Werkstoffuntersuchungen durchgeführt wurden. In seiner Grundform entspricht es der Modell-Prüfanordnung nach Siebel/Kehl /U1/.

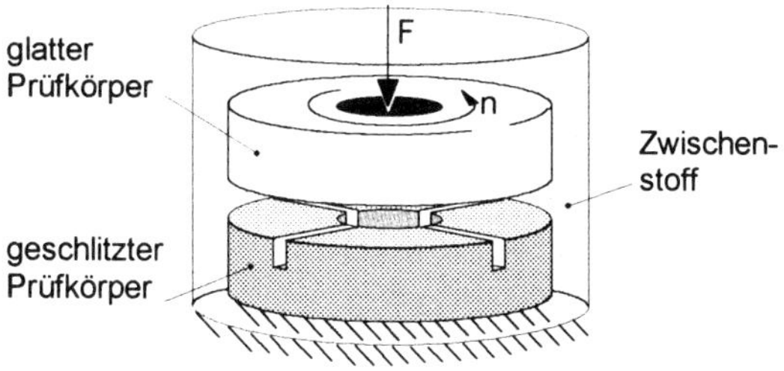


**Bild 3.1**: Prinzipielle Versuchsanordnung

Im Versuch werden die zwei scheibenförmigen Prüfkörper axial aneinandergedrückt und rotatorisch zueinander bewegt. Die Reibpaarung ist während des Versuchs in den Zwischenstoff eingetaucht.

Die Ermittlung des **Reibverhaltens** erfolgt mittels der Messung des Reibmomentes und anschließender Berechnung des Reibwertes $\mu$ des eingesetzten Tribosystems bei verschiedenen Drehzahlen und Flächenlasten (Stribeck-Kurven). Während des Versuchs wird der Schmierstoff temperiert und gefiltert.

Zur Ermittlung des **Abrasionsverhaltens** wird die zu untersuchende Reibpaarung eine festgesetzte Zeit bei konstanter Drehzahl, Belastung und Zwischenstoffzulauftemperatur betrieben. Anschließend wird anhand von Oberflächenmessungen der Materialabtrag bestimmt.

Zur Ermittlung des **Adhäsionsverhaltens** wird die Reibpaarung bei konstanter Drehzahl und Zwischenstoffzulauftemperatur mit stetig steigender Anpreßkraft belastet. Auf diese Weise kann die Flächenlast ermittelt werden, bei der "Fressen" eintritt.

**Bild 3.2** zeigt den Prüfstandsaufbau, in den das beschriebene Modell integriert ist, im Schema.

Bei den Versuchen werden Prüfscheiben mit den rechts in Bild 3.2 dargestellten Abmessungen eingesetzt. Die Kontaktfläche weist einen Innendurchmesser von $d_i = 80$ mm auf, ihr Außendurchmesser beträgt $d_a = 110$ mm. Ungleiche Innen- und Außendurchmesser der Prüfkörper ermöglichen die Bestimmung des Verschleißweges nach Versuchsende. Zum Zwecke der Schmierstoffzufuhr und der Kühlung der Reibpaarung ist der untere Prüfkörper mit vier Nuten versehen.

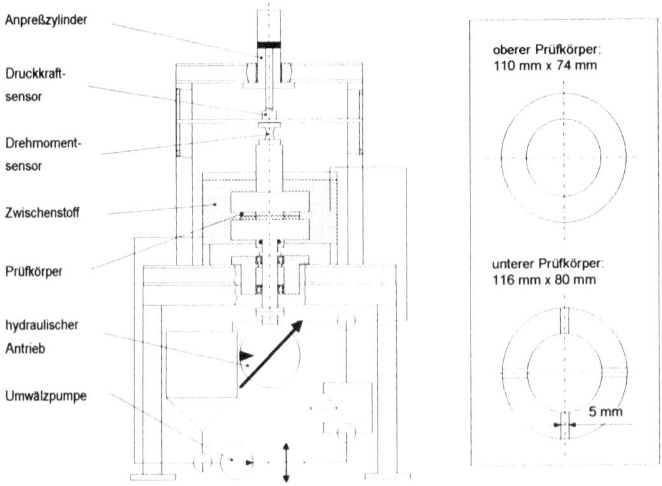


**Bild 3.2**: Schematischer Aufbau des Reibungsprüfstandes

Mittels des oben in Bild 3.2 dargestellten Hydraulikzylinders können Axialkräfte von bis zu 100 kN in die Anordnung eingeleitet werden. Die untere Spannscheibe wird von einem sekundärgeregelten Hydraulikmotor angetrieben, der bei Drehzahlen bis 3.000 U/min ein Drehmoment von bis zu 500 Nm aufbringen kann. Über eine an der oberen Spannplatte angebrachte Drehmomentmeßwelle in DMS-Vollbrückenbauweise kann das zwischen den Prüfkörpern auftretende Reibmoment frei von sonstigen Reibeinflüssen gemessen werden. Die an der Drehmomentenmeßwelle auftretenden Axialkräfte und Biegemomente werden prinzipbedingt vollständig kompensiert. Die direkte Messung von Zwischenstofftemperatur, Anpreßkraft, Drehzahl und Reibmoment sowie die Bestimmung des Verschleißweges an den eingesetzten Prüfkörpern ermöglichen die Beurteilung des Reib- und Verschleißverhaltens der eingesetzten Prüfkörperpaare. Der Zwischenstoff, in den die Prüfanordnung eingetaucht ist, wird über einen Spülkreislauf temperiert und gefiltert. Alle mit der Flüssigkeit in Berührung kommenden Bauteile dieses Kreislaufs sind aus korrosionsbeständigem Material gefertigt, so daß beliebige Hydraulikmedien als Zwischenstoff eingesetzt werden können.

Die Prüfstandssteuerung und Überwachung erfolgt über einen PC. Ein entsprechendes Programm ermöglicht zum einen die Ansteuerung des Prüfstandes hinsichtlich Drehzahl und Anpreßkraft, andererseits werden die Meßgrößen Drehzahl, Anpreßkraft und Reibmoment zeitdiskret aufgenommen und abgespeichert. Hierdurch läßt sich auch der Verlauf von Langzeitversuchen überwachen und lückenlos dokumentieren.

**Bild 3.3** zeigt die Vorderansicht des Reibungsprüfstandes.

**Bild 3.3**: Reibungsprüfstand

## 3.2 Versuchsergebnisse

Bei der Festlegung der zu testenden Werkstoffkombinationen fanden bevorzugt solche Werkstoffe Berücksichtigung, die gegenüber den herkömmlichen Stahl-Bronze-Kombinationen eine höhere Härte aufweisen. Verschiedene Untersuchungen anderer Autoren haben u.a. gezeigt, daß mit steigender Härte die Empfindlichkeit der Bauteile gegenüber Erosion und Abrasion bei feststoffverschmutztem Schmierstoff abnimmt. Insbesondere lagern sich bei weichen Werkstoffen Partikel in der Oberfläche ein und führen dazu, daß der Gegenkörper in verschärftem Maße abrasiv beansprucht wird /J1, R3/.

In jüngster Zeit werden vermehrt Verdrängereinheiten für den Betrieb mit schlecht schmierenden Flüssigkeiten angeboten, in denen Kunststoffe als Gleitlagerwerkstoff zum Einsatz kommen. Laut Literatur verfügen diese Werkstoffe in Kombination mit geeigneten metallischen Gegenkörpern über günstige Reibwerte bei guter Resistenz gegenüber Abrasion und Adhäsion /C1, T3/. Veröffentlichungen über das Verschleißverhalten der beschriebenen Metall / Kunststoff-Kombinationen bei Feststoffverschmutzung des Schmierstoffes sind hingegen nicht bekannt. Kunststoffe wurden bei den eigenen Versuchen nicht eingesetzt, da ihre zulässige Flächenpressung in Komponenten für Betriebsdrücke bis 31,5 MPa voraussichtlich überschritten wird. Es wurden bewußt solche Werkstoffkombinationen ausgewählt, die aufgrund ihrer gegenüber den herkömmlichen Werkstoffkombinationen höheren Härte eine erhöhte Verschleißresistenz erwarten lassen.

### 3.2.1 Reibverhalten verschiedener Werkstoffpaarungen

**Bild 3.4** gibt eine Übersicht über die Haftreibwerte verschiedener Werkstoffkombinationen bei Verwendung von 3-prozentiger HFA-Lösung als Zwischenstoff.

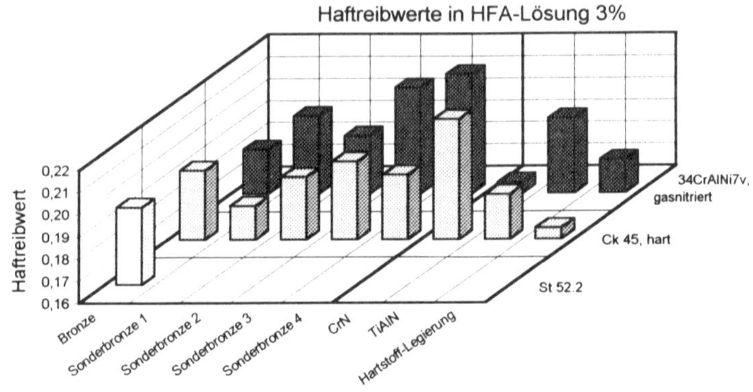


**Bild 3.4**: Haftreibwerte verschiedener Werkstoffkombinationen bei Schmierung mit 3-prozentiger HFA-Lösung

Bei der Bestimmung der Haftreibwerte wurden alle Prüfkörperpaare mit verschiedenen Flächenpressungen von 0.5 bis 2 N/mm$^2$ (wo möglich bis 3 N/mm$^2$) beaufschlagt. Die im Diagramm angegebenen Werte wurden aus den bei den verschiedenen Lasten gemessenen, nur geringfügig streuenden Werten gemittelt. Das Diagramm veranschaulicht das z.T. beträchtliche Optimierungspotential hinsichtlich der (Haft-)Reibwerte durch den Einsatz moderner Werkstoffsysteme.

Die Reibpaarung St52.2/Bronze wurde bei der Entwicklung der einzelnen Testprozeduren als Referenz-Werkstoffkombination eingesetzt. Bei den mit „Sonderbronze 1 bis 4“ bezeichneten Werkstoffen handelt es sich im Gegensatz zur links im Bild aufgeführten herkömmlichen Bleibronze um spezielle Legierungen, die direkt auf Stahlbauteile aufgegossen werden und einen sehr festen Verbund mit diesen erreichen. Der Einsatz dieser Verbundwerkstoffe bietet sich in der Hydraulik bei der Anfertigung von massiven Teilen wie beispielsweise Kolbentrommeln an. Die Verbundwerkstoffe zeichnen sich gegenüber massiven Bronzeteilen durch technologische Vorteile wie beispielsweise eine erhöhte Festigkeit durch Verwendung eines stählernen Grundkörpers aus. Die Zug- und Scherfestigkeit in der Verbundebene liegt über der des Bronzewerkstoffes, so daß ein Versagen des Verbundes in der Grenzfläche weitgehend ausgeschlossen werden kann. Die Sonderbronzen unterscheiden sich hinsichtlich ihrer Legierung, woraus u.a. unterschiedliche Härten resultieren. Die Härte der in Bild 3.4 aufgetragenen Sonderbronzen steigt mit der Ziffer der Kennzeichnung, die Schichtstärke beträgt etwa 2 mm. **Bild 3.5** gibt eine Übersicht über die Härte der Sonderbronzen im aufgegossenen Zustand (Schichtstärke 2 mm). Bezüglich der Materialzusammensetzung ist Sonderbronze 2 mit einer herkömmlichen Bronze G-CuPb15Sn vergleichbar.

| Werkstoff | Brinell-Härte des Bronze-Stahl-Verbundbauteils |
|---|---|
| G-CuPb15Sn | 70 |
| Sonderbronze 1 | 65 |
| Sonderbronze 2 | 71 |
| Sonderbronze 3 | 76 |
| Sonderbronze 4 | 82 |

**Bild 3.5**: Härte der untersuchten Sonderbronzen /N6/

Besondere Perspektiven im Hinblick auf den Einsatz in der Wasserhydraulik bieten die unten rechts in Bild 3.4 aufgeführten "unkonventionellen" Werkstoffe - die beiden untersuchten PVD-Schichten sowie die Hartstofflegierung in Kombination mit vergütetem Ck 45 sowie gasnitriertem 34 CrAlNi 7v - da diese Werkstoffkombinationen ein deutlich höheres Härteniveau gegenüber den herkömmlichen Werkstoffpaarungen wie z.B. Vergütungsstahl/Bronze haben.

Bei den PVD-Schichten (**PVD** = **P**hysical **V**apour **D**eposition) handelt es sich um aus der Dampfphase auf Bauteile abgeschiedene dünne Schichten. Von besonderer Bedeutung ist hierbei die Möglichkeit, den Metalldampf auf dem Weg zum Bauteil mit beispielsweise Stickstoff oder Kohlenstoff reagieren zu lassen, wodurch sehr harte Schichtwerkstoffe mit z.T. keramischen Charakter erhalten werden. Da die Schichten nur wenige Mikrometer stark sind, lassen sich fertige Bauteile ohne Nacharbeit beschichten. Die PVD-Beschichtung findet auf dem Sektor der Werkzeuge für die spanende Bearbeitung bereits breite Anwendung. TiN-beschichtete Fräser beispielsweise kommen in hohen Stückzahlen zum Einsatz. Durch PVD-Beschichtung kann die Standzeit der Werkzeuge um ein Vielfaches gesteigert werden /M1/. Entsprechend hoch sind die Erwartungen beim Einsatz des PVD-Verfahrens bei der Bauteilbeschichtung.

Die aufgeführte Hartstofflegierung verfügt über in einen zähen Grundwerkstoff eingebettete Hartstoffe. Die Resistenz gegenüber Reibverschleiß wird im wesentlichen über die eingebetteten harten Partikel realisiert, während der Grundwerkstoff die Bruchfestigkeit der Legierung erhöht. Bezüglich der Einsatzmöglichkeiten dieser Werkstoffe sei angemerkt, daß die Werkstoffkosten mit etwa 400 DM/kg als sehr hoch einzustufen sind und die spanende Bearbeitung sehr hohen Aufwand erfordert. Dennoch bieten die aufgeführten Hartstofflegierungen die Perspektive, als leichte und geometrisch sehr einfach gestaltete Bauteile eingesetzt zu werden. Denkbar ist beispielsweise der Einsatz einer eingelegten, dünnen Scheibe aus einer Hartstofflegierung als Schrägscheibenfunktionsfläche.

Die **Bilder 3.6** und **3.7** geben eine Übersicht über die Haftreibwerte der beiden in Bild 3.4 aufgeführten PVD-Schichten (jeweils aufgebracht auf vergütetem Ck 45) in Kontakt mit anderen Werkstoffen bei Verwendung von HLP 32 bzw. HFA-Lösung als Zwischenstoff sowie bei trockener Reibung. Zum direkten Vergleich sind rechts im Bild jeweils die Reibwerte der Materialpaarung Ck 45 (hart)/Bronze als exemplarische „herkömmliche" Werkstoffkombination aufgeführt.

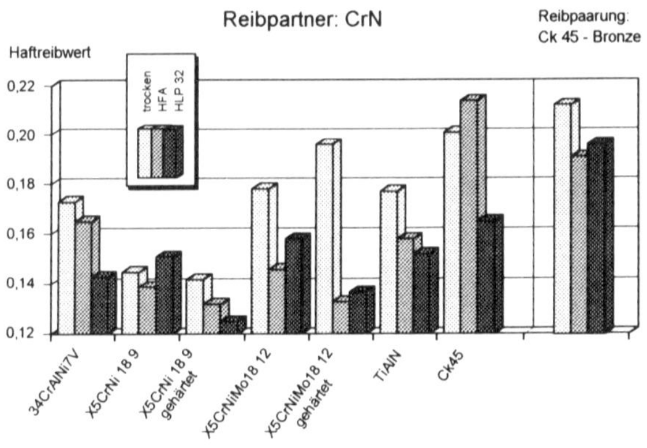


**Bild 3.6**: Haftreibwerte für CrN auf Ck45 (hart) gegen verschiedene Werkstoffe.

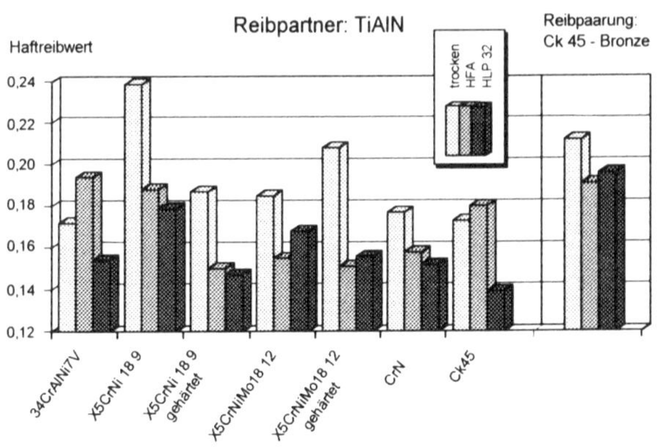


**Bild 3.7**: Haftreibwerte für TiAlN auf Ck45 (hart) gegen verschiedene Werkstoffe.

Interessanterweise erzielt die Schmierung mit Mineralöl, dem man intuitiv die gegenüber den HFA-Flüssigkeiten besseren Schmiereigenschaften zusprechen würde, nicht in allen aufgeführten Fällen die günstigsten Haftreibwerte. Dieser Sachverhalt verdeutlicht die Komplexität tribologischer Vorgänge und die Notwendigkeit, jede Reibpaarung gesondert in umfangreichen Versuchen hinsichtlich ihres tribologischen Verhaltens zu testen.

Bei den im folgenden dargestellten Ergebnissen bezüglich des Verlaufes des Reibwertes in Abhängigkeit von Last und Drehzahl ist anzumerken, daß die Versuche jeweils mit eingelaufenen Prüfkörpern durchgeführt wurden. Nicht abgeschlossene Einlaufvorgänge machen sich dadurch bemerkbar, daß keine reproduzierbaren Reibverläufe ermittelt werden können. Zum Teil konnten innerhalb des Mischreibungsgebiet Reibwerte gemessen werden, die um den Faktor zwei bis drei über den nach dem Einlaufen erzielten Werten lagen und stark schwankten. Darüber hinaus war während der Versuchsdurchführung festzustellen, daß die Übergangsdrehzahl erst nach Abschluß der Einlaufvorgänge ihr Minimum erreicht. Ist der Einlaufvorgang jedoch beendet, so ist die Reproduzierbarkeit der Messungen sehr gut. Dieser Sachverhalt verdeutlicht erneut die Sensibilität tribologischer Vorgänge und insbesondere die Bedeutung, die Einlaufvorgänge in der Tribologie haben. Es zeigt sich insbesondere die Fähigkeit tribologischer Systeme, sich durch Einlaufvorgänge in reibungstechnischer Hinsicht selbst zu optimieren.

Erwähnt sei an dieser Stelle, daß beispielsweise die Materialpaarung CrN / X5CrNi 18 9 (härtebehandelt), die über sehr günstige Haftreibwerte verfügt (Bild 3.6), bereits bei kleinen Relativgeschwindigkeiten stark adhäsiv geschädigt wird. In dieser Hinsicht versagten alle untersuchten Werkstoffpaarungen, bei denen einer der Reibpartner aus den aufgeführten korrosionsbeständigen Stählen bestand.

**Bild 3.8** zeigt den Verlauf der Reibwerte bei Betrieb im Mischreibungsgebiet für drei verschiedene Stahl/Bronze-Kombinationen bei einer Flächenpressung von 0.5 $N/mm^2$.

Das Diagramm verdeutlicht, daß sich durch Verwendung des gasnitrierten Stahles im Mischreibungsgebiet günstigere Reibwerte gegenüber vergütetem Stahl erreichen lassen.

Eine Gegenüberstellung der Reibwertverläufe bei Verwendung von vergütetem Ck 45 in Kombination mit Bronze bzw. den bereits erwähnten PVD-Schichten, die auf vergütetes Ck 45 aufgebracht wurden, zeigt **Bild 3.9**.

Durch Verwendung der genannten Schichtwerkstoffe lassen sich gegenüber der herkömmlichen Werkstoffkombination günstigere Reibwerte erreichen. Entsprechende Ergebnisse lieferten auch die Bauteilversuche, die in den Kapiteln 4 und 5 beschrieben sind.

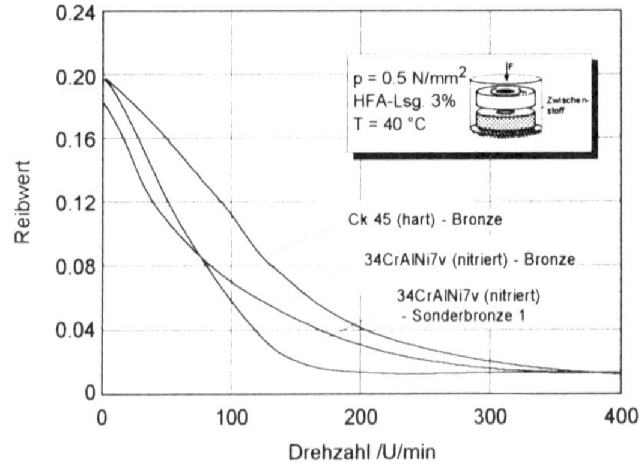


**Bild 3.8**: Reibwerte in Abhängigkeit der Drehzahl für verschiedene Stahl/Bronze-Kombinationen

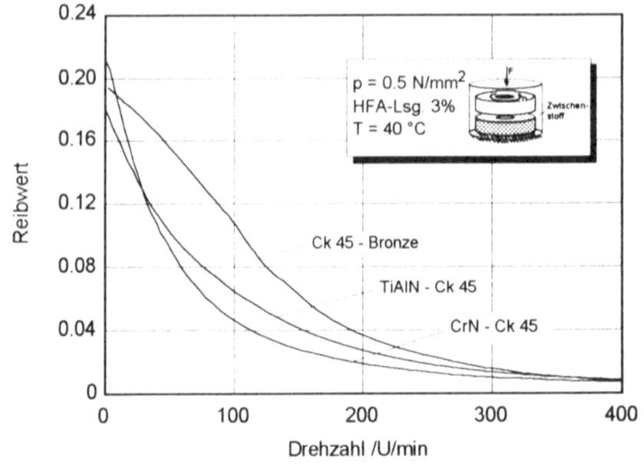


**Bild 3.9**: Reibwerte in Abhängigkeit der Drehzahl für PVD-beschichtete Werkstoffkombinationen im Vergleich zu "Stahl/Bronze"

Wie **Bild 3.10** zeigt, lassen sich durch Verwendung von Hartstofflegierungen gegen wärmebehandelten Stahl weitere Verbesserungen hinsichtlich des Reibwertes bei Mischreibung erreichen. Die Kombination der aufgeführten Hartstofflegierung mit einem wärmebehandelten Stahl bietet sich insofern trotz der hohen Werkstoffkosten und des Fertigungsaufwandes in tribologischen Problemfällen an.

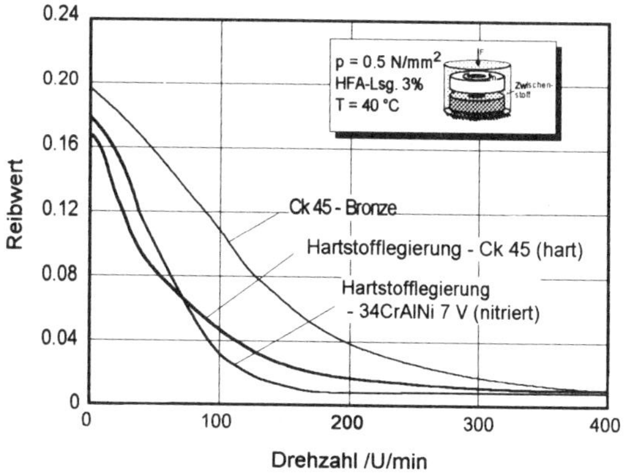


**Bild 3.10**: Reibwerte in Abhängigkeit der Drehzahl für zwei Paarungen Hartstofflegierung/Stahl im Vergleich zu einer Stahl/Bronze-Kombination

### 3.2.2 Abrasionsbeständigkeit verschiedener Werkstoffpaarungen

Über die bisher aufgeführten Reibwertuntersuchungen hinausgehend wurden hinsichtlich des Reibwertes besonders günstige Werkstoffkombinationen weiteren Versuchen zur vergleichenden Bestimmung der Verschleißbeständigkeit unterzogen.

**Bild 3.11** zeigt die Oberflächenschriebe verschiedener Prüfkörperpaare nach dem Abrasionsversuch. Hierbei wurden die Reibpaarungen über eine Dauer von 5 Stunden bei 100 U/min und einer konstanten Flächenpressung von 1 N/mm$^2$ betrieben. Bei diesen Versuchsparametern wird die Reibpaarung im Mischreibungsgebiet betrieben. Die Versuche wurden jeweils mit neuwertigen Prüfkörpern durchgeführt, so daß der Einlaufvorgang in der Versuchszeit von 5 Stunden enthalten ist.

Während bei der Stahl/Bronze-Reibpaarung ein Eindringweg von 3 µm der Ck 45- in die Bronzeprobe gemessen werden kann, ist an der Reibpaarung CrN/Ck 45 (hart) nahezu kein Verschleiß feststellbar (<0.5 µm Eindringtiefe). Versuche mit der TiAlN/Ck 45 (hart)-Paarung zeigten ebenfalls nur sehr geringen Verschleiß an den Proben. In beiden Fällen kann insbesondere der Verschleiß an den PVD-beschichteten Bauteilen vernachlässigt werden.

Eine vergleichbar hohe Abrasionsresistenz wie die beiden PVD-beschichteten Reibpaarungen weist auch die Paarung Hartstofflegierung/Ck 45 (vergütet) auf. Hier betrug der Eindringweg nach Versuchsende ebenfalls weniger als 0.5 µm.

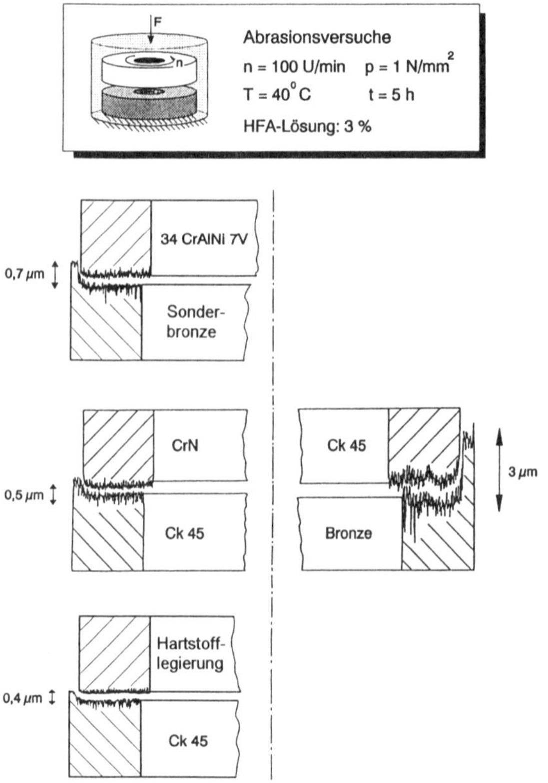


**Bild 3.11**: Abrasiver Verschleiß an verschiedenen Reibpaarungen

Den untersuchten Werkstoffpaarungen, bei denen einer der Reibpartner PVD-beschichtet war bzw. aus einer Hartstofflegierung bestand, kann somit eine gegenüber herkömmlichen Werkstoffkombinationen deutlich höhere Beständigkeit gegen abrasiven Verschleiß bescheinigt werden. In verschiedenen anderen Untersuchungen konnte bereits gezeigt werden, daß die PVD-beschichteten Werkstoffpaarungen bei einer Belastung durch erosive und abrasive Verschleißwechselwirkungen infolge mineralischer Festkörperverschmutzung des Schmierstoffes einen gegenüber herkömmlichen Stahl/Bronze-Werkstoffkombinationen geringeren Verschleiß aufweisen /J1/. Allerdings läßt sich auch durch Übergang von der konventionellen Werkstoffkombination

Ck45(hart)/Bronze auf die Reibpaarung 34CrAlNi7v (gasnitriert) /Sonderbronze 2, wodurch das Härteniveau der Werkstoffkombination angehoben wird, ein deutlich günstigeres Abrasionsverhalten erzielen. Pumpenversuche mit HFA-Medien, bei denen die Reibpaarung Kolbentrommel/Steuerspiegel und Kolben/Zylinder in dieser Werkstoffkombination ausgeführt waren, zeigten, daß selbst bei Feststoffverschmutzung des Druckmediums ein akzeptables Verschleißverhalten erzielt werden kann /R3/.

Bezüglich der Anwendung von PVD-Beschichtungen bleibt im Hinblick auf das Abrasionsverhalten anzumerken, daß die besonderen Anforderungen an das Verschleißverhalten von PVD-Schichten Berücksichtigung finden müssen. Aufgrund der Schichtstärke von in der Regel nur etwa 1 µm bis 5 µm (max. 10 µm) muß beispielsweise der Einlaufvorgang, wie er bei neuen Reibpaarungen stattfindet, auf ein Minimum reduziert werden. Dies hat zur Konsequenz, daß die Bauteile sehr genau gefertigt sein müssen und insbesondere mikrogeometrische Merkmale, wie sie sonst bei Einlaufvorgängen geformt werden, bereits bei der Fertigung Berücksichtigung finden müssen. Ist die PVD-Schicht im Betrieb erst einmal abgetragen, so wird dies aufgrund der hohen Affinität der dann in Kontakt gelangenden Werkstoffe unweigerlich zum sofortigen Ausfall des Gleitlagers durch Adhäsion führen.

Bezüglich des Reibverhaltens während des Abrasionsversuches sei auf **Bild 3.12** verwiesen, das exemplarisch die Abnahme des Reibwertes der CrN/Ck45-Paarung während des Versuches zeigt.

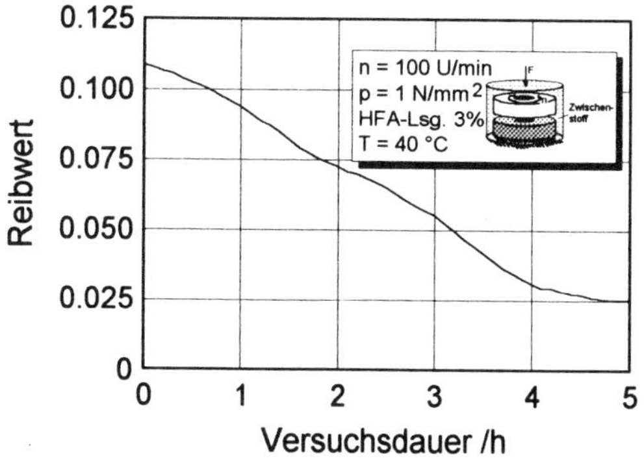


**Bild 3.12**: Reibwertänderung über der Versuchszeit für die Werkstoffkombination CrN/Ck45(hart)

Die hohe Änderung des Reibwertes während der Versuchsdauer ist auf die bei dieser Reibpaarung stark ausgeprägte Bildung einer bräunlich schimmernden, reibwertmindernden Tribooxidationsschicht zurückzuführen. Das Entstehen dieser Schutzschicht konnte in Versuchen wiederholt festgestellt werden. Wie der Reibwertverlauf und auch das Verschleißbild der Prüfkörper zeigen, können diesen Oxidationsprodukten die Schmierung begünstigende Eigenschaften zugesprochen werden. Eine deutliche Reibwertabnahme der beschriebenen Art konnte vor allem bei Versuchen mit PVD-Schichten und Hartstoffen in Kontakt mit Gegenkörpern aus vergütetem bzw. gasnitriertem Stahl beobachtet werden.

### 3.2.3 Adhäsionsbeständigkeit verschiedener Werkstoffpaarungen

Von entscheidender Bedeutung für den zuverlässigen Betrieb von Gleitlagern ist eine ausreichende Sicherheit gegen Adhäsion. Insbesondere bei Einsatz der Dünnschichttechnologie muß auch ein Mikrofressen vermieden werden. Aufgrund der nur geringen Schichtdicke von wenigen µm kann bereits bei kleinen Ausbrüchen der Oberflächenschicht der Grundwerkstoff freigelegt werden, was dann infolge der hohen Affinität der Werkstoffe zu adhäsivem Verschleiß führt.

Die Ergebnisse eines Versuchs, bei dem die einzelnen Werkstoffpaarungen in 3-prozentiger HFA-Lösung bei allmählicher Laststeigerung und einer konstanten Drehzahl von 100 U/min im Mischreibungsgebiet betrieben wurden, sind in **Bild 3.13** dargestellt.

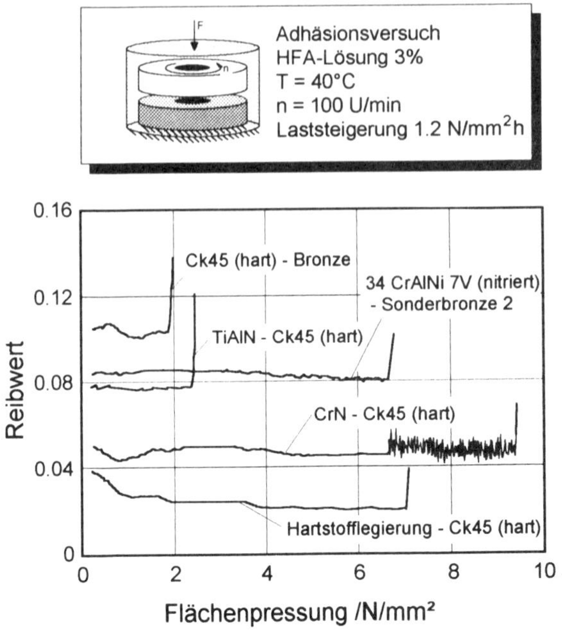


**Bild 3.13**: Reibwerte in Abhängigkeit der Flächenpressung bei Betrieb im Mischreibungsgebiet.

Analog zu den Abrasionsversuchen wurden auch diese Versuche mit neuen, unbenutzten Prüfkörpern durchgeführt, die während des Versuchs zunächst einlaufen.

Im Gegensatz zur Ck 45/Bronze-Reibpaarung, bei der adhäsiver Verschleiß unter den vorliegenden Betriebsbedingungen bereits bei einer Last von ca. 2 $N/mm^2$ auftritt, kann den PVD/Stahl-Kombinationen eine höhere Belastbarkeit bescheinigt werden. Hier zeigen sich insbesondere die Qualitäten der Paarung CrN/Ck 45 (vergütet), bei der sich die Annäherung an die Belastbarkeitsgrenze ab einer Pressung von 6.6 $N/mm^2$ durch starke Schwankungen des Reibwertes bemerkbar macht. Entgegen den Erwartungen konnten nach Versuchsende (Belastung bis ca. 9.5 $N/mm^2$) kein adhäsiver Verschleiß und keine Schichtablösung festgestellt werden. Hoch belastbar bei gleichzeitig günstigen Reibwerten ist auch die Paarung Hartstofflegierung/Ck 45 (vergütet), die bei einer Last von ca. 7 $N/mm^2$ adhäsiv versagt. Insgesamt zeigen die Ergebnisse das Optimierungspotential für die Wasserhydraulik durch den Einsatz neuer Werkstoffe auf.

# 4 Untersuchungen am tribologischen System „Gleitschuh/Schrägscheibe“

## 4.1 Grundlegende Überlegungen zu Bewegungen und Kräften

Unter zunächst starken Vereinfachungen - alle Massen- und Reibungskräfte werden vernachlässigt - wirken die in **Bild 4.1** dargestellten Kräfte auf das System Kolben/Gleitschuh einer Schrägscheibenmaschine. Hieraus resultiert eine Normalkraft $F_N$, die am Gleitschuh abgestützt werden muß. Die Höhe dieser Normalkraft wird primär von der auf den Kolben wirkenden Druckkraft bestimmt.

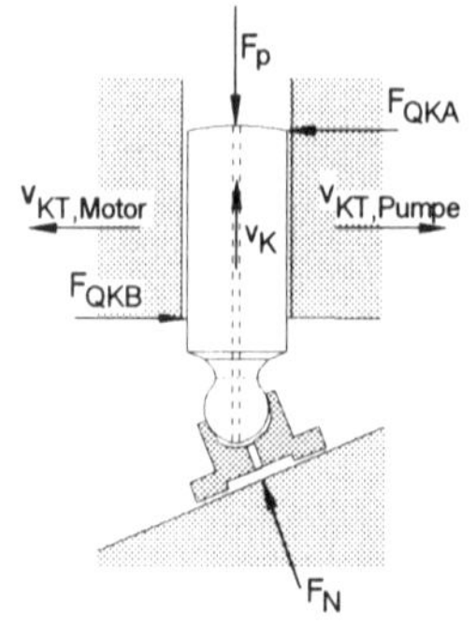


**Bild 4.1**: Auf das System Kolben/Gleitschuh wirkende Kräfte (stark vereinfacht)

Vorweg genommen sei an dieser Stelle, daß sich die Abschätzung der Auswirkungen weiterer Einflüsse, wie z.B. der Kolbenreibung und der Reibung im Kugelgelenk zwischen Kolben und Gleitschuh, auf die Gleichgewichtslage des Gleitschuhs äußerst schwierig gestaltet. Sie ist Gegenstand der Ausführungen verschiedener Autoren /B7, H1, I1/. Infolge der Komplexität der gegenseitigen Beeinflussung der einzelnen Tribosysteme ist die exakte mathematische Beschreibung nur für numerische Simulationen von Interesse. Der Anschaulichkeit halber werden die einzelnen (Stör-)Einflüsse in den Unterkapiteln 4.1.1 bis 4.1.4 zwar kurz erläutert und hinsichtlich ihrer tendentiellen Auswirkungen auf das Gleitlagersystem Gleitschuh/Schrägscheibe beschrieben, finden jedoch keine weitere Berücksichtigung in den in Kapitel 4.2 beschriebenen Modelluntersuchungen.

Um die Kräfte auch bei hohen Drücken ohne Überlastung tragen zu können, sind die Gleitschuhe von Schrägscheibenmaschinen üblicherweise hydrostatisch teilentlastet. Ein Großteil der Normalkraft $F_N$ wird dabei durch ein hydrostatisches Druckpolster an der Lagertasche des Gleitschuhs getragen, wodurch Reibung und Verschleiß an den Lagerbauteilen erheblich gemindert werden.

Der Grad der hydrostatischen Entlastung eines Gleitschuhes gibt an, welcher Anteil der druckabhängigen Normalkraft durch das hydrostatische Druckpolster abgestützt wird. Eine vollständige hydrostatische Entlastung des Gleitschuhs führt zu erhöhten volumetrischen Verlusten und ist daher nicht sinnvoll. In den Gleitlagern üblicher hydraulischer Kolbenmaschinen liegt der hydrostatische Entlastungsgrad im Bereich von etwa 80 bis 98 Prozent. Hierdurch wird ein akzeptabler Kompromiß hinsichtlich der Höhe der volumetrischem und mechanischen Verluste erreicht.

Ausgehend von Bild 4.1 ist die Höhe der hydrostatischen Entlastung eines Gleitschuhs bei vorgegebenem Schrägscheibenwinkel rein vom Kolbendurchmesser und dem Innen- und Außendurchmesser des Dichtsteges abhängig. **Bild 4.2** zeigt den hydrostatischen Druckverlauf unter dem Dichtsteg eines Gleitschuhs. Die über das durch reine Hydrostatik erzeugte, unter Druck stehende Flüssigkeitspolster unter dem Gleitschuh abgestützte Normalkraft setzt sich aus je einem Traganteil durch die Lagertasche und den Dichtsteg zusammen. Dabei wird angenommen, daß der Druck in der Lagertasche dem Zylinderdruck entspricht.

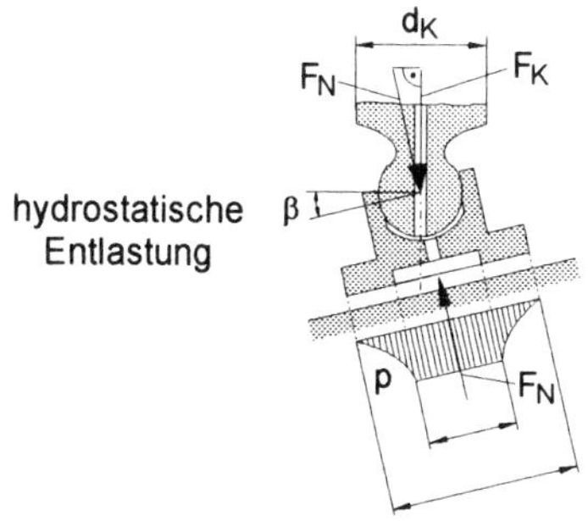


**Bild 4.2**: Druckverteilung an einem hydrostatisch entlasteten Gleitschuh

Unter der Annahme eines laminar durchströmten, planparallelen Spaltes ohne Rauhigkeiten und Formabweichungen sowie bei Vernachlässigung von Massen- und Reibungskräften kann der hydrostatische Entlastungsgrad - wie von verschiedenen Autoren hergeleitet - exakt berechnet werden /B7, I1/. Unter den genannten Voraussetzungen gilt:

$$q = \cos\beta \cdot \frac{d_i^2 - d_a^2}{2 \cdot d_K^2 \cdot \ln\left(\frac{d_i}{d_a}\right)}, \qquad \text{Gl. 4.1}$$

wobei β den Schrägscheibenwinkel, $d_i$ und $d_a$ den inneren bzw. äußeren Durchmesser des Dichtsteges am Gleitschuh und $d_K$ den Kolbendurchmesser angibt.

Prinzipiell treten zusätzlich drei hydrodynamische Effekte in Erscheinung, die die hydrostatische Entlastung unterstützen. Sie sind in **Bild 4.3** schematisch dargestellt. Im Idealfall bringen diese hydrodynamischen Druckkräfte die zur vollständigen Aufhebung des Festkörperkontaktes erforderlichen Kraftanteile auf.

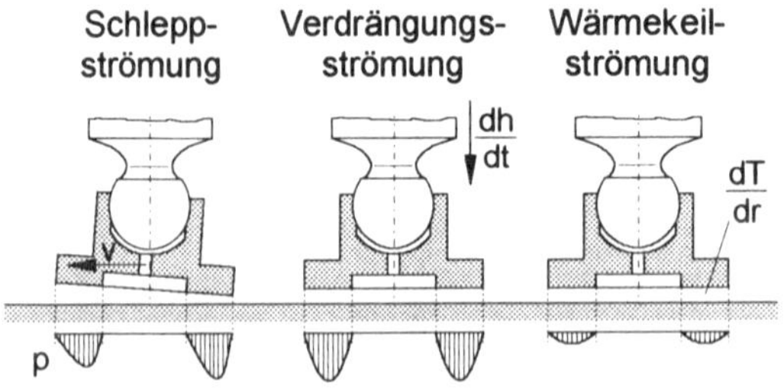


**Bild 4.3**: Hydrodynamischer Druckaufbau unter dem Gleitschuh

Wie die Ausführungen später noch zeigen werden, können die hydrodynamischen Traganteile durch Schleppströmung und Verdrängungsströmung durch entsprechende Gestaltung der Gleitschuhlauffläche beträchtliche Werte annehmen und so in wesentlichem Maße zur Entlastung der Gleitpaarung beitragen.

Demgegenüber kann der hydrodynamische Traganteil durch nicht-isotherme Strömung - wie durch Böinghoff für den Mineralölbetrieb nachgewiesen wurde /B7/ - vernachlässigt werden. Bei Verwendung von hoch wasserhaltigen Druckflüssigkeiten werden zunächst zwar tendenziell höhere Verluste und damit eine höhere Wärmeentwicklung erwartet, andererseits ist die Wärmeabfuhr durch das Wasser wesentlich günstiger. Die gegenüber Mineralöl um etwa den Faktor 4,2 höhere Wärmeleitfähigkeit und um den Faktor 2,2 höhere Wärmekapazität des Wassers /B1/ sowie der verhältnismäßig hohe Leckagestrom durch die Dichtspalte führen dazu, daß der Druckaufbau durch Flüssigkeitsausdehnung im Spalt sehr gering ausfällt und dieser Traganteil vernachlässigt werden kann.

Unter der vereinfachenden Annahme, daß die Gleitschuhreibung über den Kugelmittelpunkt des (reibungsfreien) Gelenks zwischen Kolben und Gleitschuh in die Zylindertrommel eingeleitet wird, errechnet sich das durch Reibung entstehende Verlustmoment eines Gleitschuhs einer Schrägscheibenmaschine zu:

$$M_{V,GS(\varphi)} = F_{V,GS(\varphi)} \cdot l_{GS} . \qquad \text{Gl. 4.2}$$

Dieses Verlustmoment ist insofern von der Drehstellung der Kolbentrommel abhängig, als die Reibkraft durch Umsteuervorgänge im Zylinderraum, mit der die Belastung sowie die hydrostatischen und hydrodynamischen Traganteile des Gleitschuhs wechseln, beeinflußt wird.

Die Reibverluste zwischen Gleitschuh und Schrägscheibe resultieren für den Fall reiner Flüssigkeitsreibung ausschließlich aus der Scherung der Flüssigkeit und lassen sich anhand des Newton'schen Gesetzes, das die Schubspannung in Flüssigkeiten beschreibt, errechnen.

Der Betrag der Reibung errechnet sich für diesen Fall zu:

$$F_{V,GS(\varphi)} = \tau_{(\varphi)} \cdot A = \eta \cdot \frac{v}{h_{(\varphi)}} \cdot A_{GS} \qquad \text{Gl. 4.3}$$

mit $\eta$ als dynamische Viskosität der Flüssigkeit, v als Gleitschuhgeschwindigkeit, $h_{(\varphi)}$ als vom Drehwinkel abhängige mittlere Spalthöhe zwischen Gleitschuh und Schrägscheibe sowie $A_{GS}$ als Summe der Fläche der einzelnen Stege des Gleitschuhs.

Für den Fall reiner Flüssigkeitsreibung ergibt sich somit ein auf die Maschinenwelle bezogenes mittleres Reibmoment von:

$$M_{V,GS(\varphi)} = \eta \cdot \frac{v}{h_{(\varphi)}} \cdot A_{GS} \cdot \frac{D}{2}. \qquad \text{Gl. 4.4}$$

welches bei Verwendung niedrigviskoser Druckflüssigkeiten wie einer 3-prozentigen HFA-Lösung ($\eta = 0{,}7 \cdot 10^{-3}$ Pas) gegenüber üblichen mineralölbasischen Medien ($\eta = 32 \cdot 10^{-3}$ bis $46 \cdot 10^{-3}$ Pas) trotz geringerer Spaltweiten deutlich kleinere Werte annimmt (s.a. Kap. 4.2.3 u. 4.2.5).

Die mittlere Spalthöhe zwischen Gleitschuh und Schrägscheibe stellt sich für den Fall reiner Flüssigkeitsreibung unter dem Gleitschuh in Abhängigkeit vom Zylinderdruckverlauf ein und ist somit vom Drehwinkel der Kolbentrommel abhängig. Ausgehend von einer relativ weiten Spalthöhe im drucklosen Betrieb nähert sich der Gleitschuh bei der Umsteuerung von Niederdruck auf Hochdruck zunächst an die Schrägscheibe an. Während dieser Annäherung wird die Flüssigkeit unter dem Gleitschuh verdrängt. Hierbei fließt die überschüssige Flüssigkeit durch den Spalt nach außen ab. Während der Spaltverkleinerung erhöht sich der Widerstand, der dem Abströmen der Flüssigkeit entgegengesetzt wird und es baut sich ein Quetsch- bzw. Verdrängungsdruck unter dem Gleitschuh auf. Da die hydrostatische Entlastung des Gleitschuhs nach der Umsteuerung leicht verzögert in Wirkung tritt, kommt dem Traganteil des durch Verdrängungsströmung aufgebauten Druckes unmittelbar nach dem Umsteuervorgang eine sehr hohe Bedeutung zu.

Nach Böinghoff /B7/ errechnet sich die durch Verdrängungsströmung aufgebrachte Tragkraft zu:

$$F_{VS,GS} = \frac{3\pi\eta}{32h^3} \cdot \frac{\delta h}{\delta t} \left[ d_i^4 - d_a^4 + \frac{\left(d_a^2 - d_i^2\right)^2}{\ln\left(d_a / d_i\right)} \right]. \qquad \text{Gl. 4.5}$$

Unter der Annahme, daß $F_{VS,GS}$ unmittelbar nach der Druckbeaufschlagung dem nicht durch die hydrostatische Entlastung getragenen Kraftanteil entspricht, nähert sich der Gleitschuh von der Ausgangsspalthöhe $h_0$ ausgehend gemäß:

$$h_{(t)} = \frac{h_0}{\sqrt{1 - \frac{64 h_0^2 F_{VS,GS} t}{3\pi\eta U}}} \qquad \text{Gl. 4.6}$$

der Schrägscheibe an.

Die Konstante U entspricht dabei:

$$U = \sum_{i=1}^{n} \left( d_{ii}^4 - d_{ai}^4 + \frac{\left(d_{ai}^2 - d_{ii}^2\right)^2}{\ln\left(d_{ai} / d_{ii}\right)} \right) \qquad \text{Gl. 4.7}$$

und errechnet sich aus den geometrischen Abmessungen der den Spalt begrenzenden Stege.

Mit sinkender Spaltweite gewinnt der Einfluß der Schleppströmung am Gleitschuh an Bedeutung. Nach der Gleitlagertheorie nimmt die Tragfähigkeit durch Schleppströmung eines hydrodynamischen Gleitlagers mit abnehmender Spaltweite zu. Durch die Annäherung des Gleitschuhs an die Schrägscheibe wird der nicht hydrostatisch entlastete Kraftanteil zunehmend vom durch Schleppströmung bewirkten hydrodynamischen Traganteil abgestützt. Der Traganteil durch Verdrängungsströmung nimmt derweil gemäß Gl. 4.5 kontinuierlich ab. Der beschriebene Zusammenhang ist in **Bild 4.4** in Form des qualitativen zeitlichen Verlaufes der anteilig getragenen Kräfte nach sprungförmiger Normalkraftbelastung dargestellt.

Bei geringen Gleitgeschwindigkeiten reicht der hydrodynamische Druckaufbau durch Schleppströmung unter dem Gleitschuh häufig nicht zur vollständigen Trennung der Lagerbauteile aus, die überschüssigen Kräfte müssen durch Kontakt zwischen Gleitschuh und Schrägscheibe abgestützt werden. In diesem Fall hängt die Höhe der Reibung von den Notlaufeigenschaften der eingesetzten Bauteilpaarung ab, die wiederum primär von der Gleitschuhgeometrie und den Gleiteigenschaften der eingesetzten, vom Druckmedium geschmierten Werkstoffpaarung bestimmt werden.

Die rechnerische Ermittlung der druck- und geschwindigkeitsabhängigen Reibkräfte gestaltet sich für den Mischreibungsfall schwierig. In der Literatur sind beispielsweise empirische Ansätze zu finden, in denen die Abhängigkeit des Reibwertes von der Gleitgeschwindigkeit durch eine Exponentialfunktion angenähert wird /K2/. Der Flüssigkeitsreibung wird dabei ein Mischreibungsanteil überlagert, wobei der nicht hydrostatisch entlastete Anteil der Normalkraft als die den Gleitschuh belastende Kraft eingesetzt wird. Als den Reibungsverlauf charakterisierende Größen werden der an einer geschmierten Werkstoffpaarung gemessene Haftreibwert und eine abgeschätzte Übergangsdrehzahl angenommen.

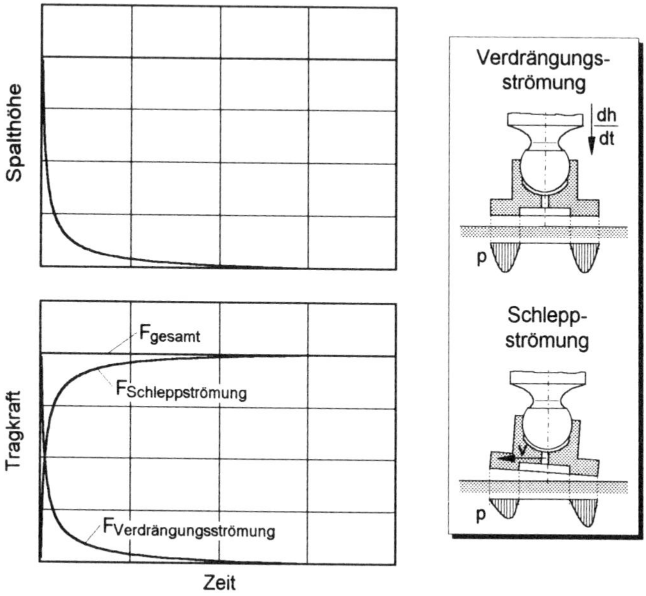


**Bild 4.4**: Verlauf der hydrodynamischen Traganteile nach sprungförmigem Anstieg der Lagerlast in qualitativer Darstellung

Infolge der Komplexität der Pumpenkinematik und der tribologischen Vorgänge kann eine genauere rechnerische Ermittlung der in den Funktionspalten von Verdrängermaschinen ablaufenden Vorgänge nur mit numerischen Methoden erfolgen. Für ihre Anwendung ist der Einsatz leistungsfähiger Rechner erforderlich. Die Modelle berücksichtigen die vollständige Kinematik der Triebwerke mit ihren Rückwirkungen auf Druck- und Kraftverlauf sowie die Flüssigkeitseigenschaften in den Spalten. Entsprechende Verfahren sind derzeit in Entwicklung /K1/.

Bei den bisherigen Ausführungen in diesem Kapitel wurde vereinfachend angenommen, daß die am Gleitschuh abgestützte Normalkraft ausschließlich durch die auf den Kolben wirkende Druckkraft bestimmt wird und im Zentrum des Gleitschuhs angreift. Tatsächlich beeinflussen weitere Kräfte das Bewegungsverhalten und damit die Spaltausbildung unter dem Gleitschuh. Die auftretenden Trägheits- und Fliehkräfte sind unabhängig vom Betriebsdruck. Ihre Höhe ist drehzahlabhängig und wird darüber hinaus rein von der Pumpenkinematik und der Masse und Schwerpunktlage der betreffenden Bauteile bestimmt. Druckabhängig hingegen ist die Beeinflussung des Gleitschuhs durch die Reibung in seinem Kugelgelenk sowie durch überlagerte Reibkräfte an den Kolben. Die Entstehung und Auswirkungen der aufgeführten Kräfte werden in den folgenden Unterkapiteln näher erläutert.

### 4.1.1 Einfluß von Massenkräften

Die Belastung der Gleitschuhe in Axialkolbenmaschinen wird durch aus der oszillierenden Bewegung der Kolben/Gleitschuh-Einheit hervorgerufene Trägheitskräfte sowie die an den Gleitschuh angreifende Fliehkraft, die durch die Rotation der Kolbentrommel bewirkt wird, über die in Kapitel 4.1 aufgeführte Druckkraft auf den Kolben hinaus bestimmt (**Bild 4.5**).

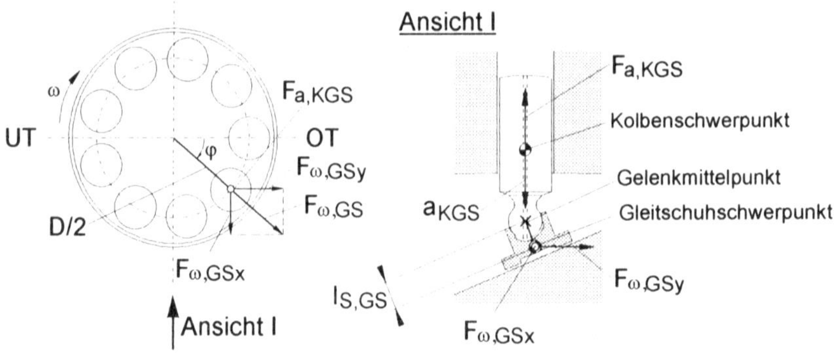


**Bild 4.5**: Zusätzliche Belastung des Gleitschuhs durch Massenkräfte

Die Trägheitskraft des Systems Kolben/Gleitschuh berechnet sich zu:

$$F_{a,KGS} = -m_{KGS} \cdot a_K = m_{KGS} \cdot \omega^2 \cdot D/2 \cdot \tan\beta \cdot \cos\varphi \,. \qquad \text{Gl. 4.8}$$

Sie greift im Schwerpunkt des Systems Kolben/Gleitschuh an, wirkt in Richtung der Kolbenachse und ist der Kolbenbeschleunigung entgegengerichtet.

Die nach Gl. 4.8 für den untersuchten Fall berechnete Trägheitskraft ist für eine Maschinendrehzahl von 1.500 U/min in **Bild 4.6** dargestellt. Die der Berechnung zugrunde gelegten Parameter entsprechen denen der untersuchten Axialkolbeneinheit und sind in der Legende des Bildes aufgeführt. Die rechte Skalierung des Diagramms veranschaulicht, welche auf den Kolben wirkende Druckdifferenz zu einer der Trägheitskraft entsprechenden Axialkraft führen würde.

Gerade bei höheren Betriebsdrücken hat die Trägheitskraft von Kolben und Gleitschuh nur geringen Einfluß auf die resultierende Aufstandskraft des Gleitschuhs und kann daher vernachlässigt werden.

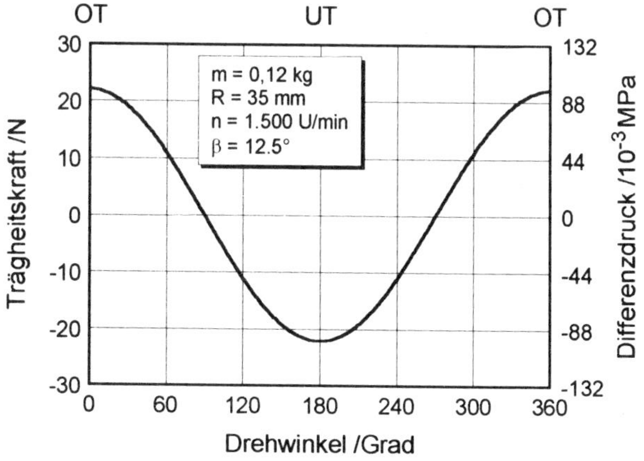


**Bild 4.6**: Trägheitskraft des Systems Kolben/Gleitschuh für den betrachteten Fall (n = 1.500 U/min)

Die Fliehkraft des Gleitschuhs greift im Schwerpunkt des Gleitschuhs an, steht stets senkrecht zur Drehachse der Maschine und zeigt von dieser weg (Bild 4.5). Sie beträgt in guter Näherung:

$$F_{\omega,GS} = m_{GS} \cdot \omega^2 \cdot D/2 \,. \qquad \text{Gl. 4.9}$$

Die Fliehkraft bewirkt ein Kippen des Gleitschuhs. Das Kippmoment kann näherungsweise zu:

$$M_{\omega,GS} = F_{\omega,GS} \cdot l_{GS} = m_{GS} \cdot \omega^2 \cdot D/2 \cdot l_{S,GS} \qquad \text{Gl. 4.10}$$

gesetzt werden. Es hat bei Verdrängereinheiten kleiner bis mittlerer Baugröße im Rahmen der untersuchten Drehzahlbereiches ($n_{max}$ = 1.500 U/min) infolge der geringen Gleitschuhmasse ($m_{GS}$ = 23,3 g) und des geringen Abstandes zwischen Gelenkmittelpunkt und Schwerpunkt des Gleitschuhs ($l_{S,GS}$ = 5,5 mm) keine zu berücksichtigenden Auswirkungen ($M_{\omega,GSmax}$ = 0,11 Nm). Die in Klammern angegebenen Werte beziehen sich auf die exemplarisch untersuchte Verdrängereinheit.

### 4.1.2 Einfluß der Reibung im Gelenk zwischen Kolben und Gleitschuh

Als nur schwer abschätzbar im Hinblick auf die Beeinflussung der Bewegung des Gleitschuhs in realen Kolbenmaschinen erweist sich die Reibung im Gelenk zwischen Gleitschuh und Kolben. **Bild 4.7** zeigt den Aufbau eines solchen Gelenks. Üblicherweise ist das Gelenk zwischen Kolben und Gleitschuh in nur geringem Maße hydrostatisch entlastet. In der Literatur wird ein Wert von 50 Prozent als typischer Entlastungsgrad genannt /I1/.

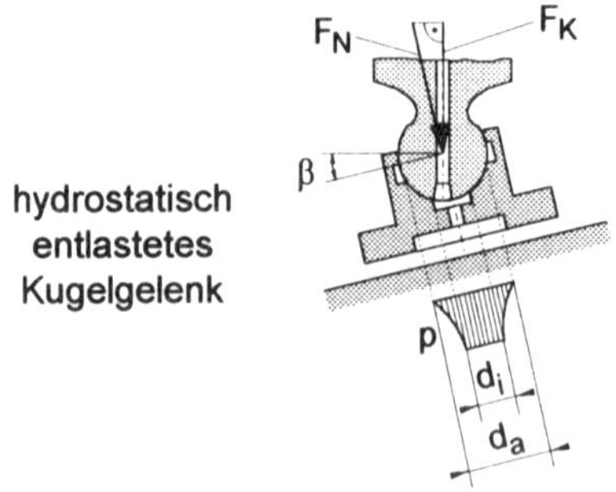


**Bild 4.7**: Aufbau der Gelenkverbindung zwischen Gleitschuh und Kolben

Geht man zunächst von Reibungsfreiheit im Gelenk aus und vernachlässigt die Massenkräfte des Gleitschuhs, so wird sich der Gleitschuh wie ein Kippsegmentlager verhalten und in erster Linie um eine in der Gleitebene liegende, senkrecht zur Bewegungsrichtung stehende Achse neigen. Der minimale Abstand zwischen Gleitschuh und Schrägscheibe stellt sich dann am in Bewegungsrichtung des Gleitschuhs gesehen hinteren Rand des Schuhs ein.

In reibungstechnischer Hinsicht wird die Einheit von Kolben und Gleitschuh von den Kontakten zur geneigten Schrägscheibe und der Zylinderbohrung beeinflußt. Die Rotation von Kolben und/oder Gleitschuh um die jeweilige Hochachse hängt von den zwischen Gleitschuh und Schrägscheibe, im Kugelgelenk zwischen Gleitschuh und Kolben sowie den zwischen Kolben und Zylinder angreifenden Reibkräften ab.

Je nach Höhe der Reibung an den einzelnen Reibkontakten dreht sich der Kolben in der Zylinderbohrung mit einer Drehzahl, die zwischen Null und der Antriebsdrehzahl des Verdrängers liegt. Dieser Sachverhalt gilt analog auch für die Rotation des Gleitschuhs zur Schrägscheibe. Bei entsprechend hoher Reibung im Gelenk zwischen Gleitschuh und Kolben kann dieses als starr angesehen werden. In diesem Fall dreht sich der Kolben mit der Drehzahl des Verdrängers in der Zylinderbohrung. Durch die Rotation des Gleitschuhs relativ zur Schrägscheibe werden den translatorischen Schleppströmungseffekten prinzipiell auch aus der Gleitschuhrotation resultierende hydrodynamische Effekte überlagert. Diese können jedoch aufgrund der geringen Umfangsgeschwindigkeiten gegenüber dem Traganteil durch die translatorische Schleppströmung zwischen Gleitschuh und Schrägscheibe vernachlässigt werden.

Böinghoff /B7/ geht davon aus, daß die Gelenkverbindung des Gleitschuhs bei hohen Verdrängerdrehzahlen durch Verdrängungsströmung im Gelenk vollständig flüssigkeitsgeschmiert ist /B7/. In diesem Fall werden über das Gelenk nur sehr geringe Reibungskräfte übertragen, so daß deren Einfluß auf die Reibung zwischen Gleitschuh und Schrägscheibe vernachlässigbar ist.

### 4.1.3 Zusätzliche Be- und Entlastung durch Kolbenreibung

In der Praxis wird die auf den Gleitschuh wirkende Normalkraft durch Reibung zwischen Kolben und Zylinder beeinflußt. **Bild 4.8** veranschaulicht die zusätzliche Belastung des Gleitschuhs durch Kolbenreibung für den Pumpenbetrieb. Die Richtung der Kolbenbewegung und der Reibkräfte sind für den Fall eingezeichnet, daß der Kolben einen Pumpenhub ausführt. Für den Fall des Motorbetriebes - der Kolben fährt aus der Zylinderbohrung aus - kehren sich die Richtungen der Kolbengeschwindigkeit und der Reibkräfte um. Durch die Reibung zwischen Kolben und Zylinder wird der Gleitschuh im Pumpenbetrieb zusätzlich be-, im Motorenbetrieb entlastet.

Wie eigene Untersuchungen zeigen, nimmt die Reibung zwischen Kolben und Zylinder speziell bei HFA-Schmierung Werte an, die grob gesehen etwa 10 Prozent der auf den Kolben wirkenden Druckkräfte betragen. Insofern ist insbesondere für den Pumpenbetrieb zu prüfen, inwiefern sich diese Zusatzbelastung ungünstig auswirkt. Bei deutlich unter 100 Prozent entlasteten Gleitschuhen kann es im Pumpenbetrieb zu Mischreibung und Verschleiß zwischen Gleitschuh und Schrägscheibe kommen. Eine zu hohe Entlastung des Gleitschuhs eines Motors hingegen kann ein Abheben des Schuhs von der Schrägscheibe mit erhöhten volumetrischen Verlusten nach sich ziehen.

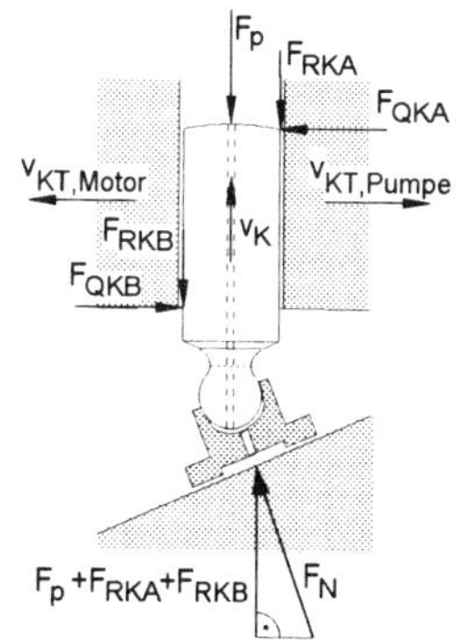


**Bild 4.8:** Zusätzliche Belastung des Gleitschuhs im Pumpenbetrieb durch Reibung am Kolben

### 4.1.4 Rückwirkung der Gleitschuhreibung

Durch die an der Lauffläche des gelenkig gelagerten Gleitschuhs angreifende Reibung entsteht ein Kippmoment, welches dem hydrodynamischen Moment, das zu einer geneigten Stellung des Gleitschuhs führt, entgegenwirkt. Wie die folgenden Messungen noch zeigen werden, kann dieses Moment jedoch infolge der geringen Reibkräfte und des kurzen Hebelarmes zum Kugelgelenk vernachlässigt werden. In der Praxis wird zu starkes Kippen bzw. im Extremfall Verkanten des

Gleitschuhs zum einen durch den Niederhalter, zum anderen auch durch einen ausreichendem Außendurchmesser der Aufstandsfläche des Gleitschuhs in jedem Fall verhindert. Wie die durchgeführten Versuche zeigten, bleiben die Reibungskräfte bei den im Rahmen der Arbeiten untersuchten hydrostatisch entlasteten Gleitschuhen in allen realistischen Betriebspunkten weit unterhalb der abgestützten Axialkräfte.

## 4.2 Reibungs- und Leckageverhalten hydrostatisch entlasteter Gleitschuhe

Im Rahmen der experimentellen Arbeiten wurden zwei Gleitschuhtypen untersucht, die konzeptionell verschiedene Laufflächen aufweisen. Eine schematische Darstellung findet sich in **Bild 4.9**.

Der Gleitschuh der Version I verfügt über eine hydrostatische Lagertasche, die über einen verhältnismäßig schmalen Dichtsteg gegenüber dem Pumpengehäuse, in dem Tankdruck herrscht, abgedichtet ist. Durch die Vergrößerung der Kontaktfläche des Gleitschuhs mittels zusätzlicher Tragstege innerhalb und außerhalb der Lagertasche kann eine zu hohe Flächenpressung bei Mischreibung vermieden werden. Der Schuh der Version II weist demgegenüber einen einzelnen breiten Steg auf, der sowohl als Dichtsteg als auch als Stützfläche bei Kontakt des Gleitschuhs zur Schrägscheibe dient.

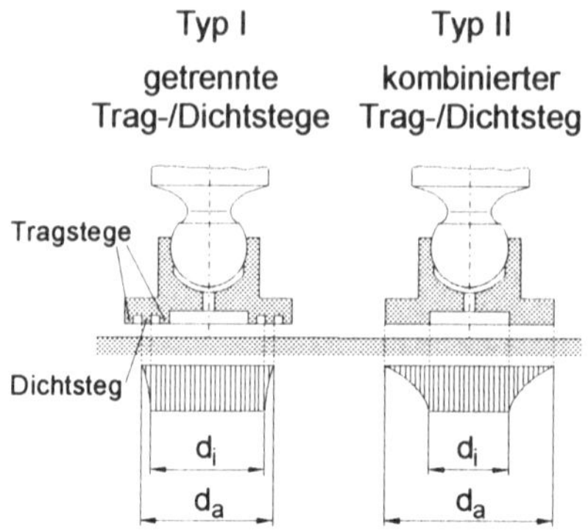


**Bild 4.9**: Laufflächen der eingesetzten Gleitschuhe

**Bild 4.10** veranschaulicht die Abhängigkeit des hydrostatischen Entlastungsgrades vom Tascheninnendurchmesser für die beschriebenen Gleitschuhtypen. Die in der Legende genannten Abmessungen entsprechen denen der untersuchten Gleitschuhe. Im linken Bild zeigen sich der gesamte sowie die einzelnen hydrostatischen Traganteile für den Gleitschuhtyp I, dessen Dichtsteg bei variablem Innendurchmesser der Drucktasche eine konstante Breite aufweist. Rechts ist dieser Zusammenhang für den Gleitschuh des Typs II aufgetragen, dessen Außendurchmesser konstant bleibt, während der Innendurchmesser der Drucktasche - und damit die Breite des Dichtsteges - variiert wird.

Wie den Diagrammen entnommen werden kann, wird beim Gleitschuh des Typs I bei einer hydrostatischen Entlastung von 97,5 Prozent der größte Anteil der Axialkraft über den innerhalb der Drucktasche wirkenden Betriebsdruck abgestützt. Das auf den Dichtsteg wirkende Druckprofil trägt nur in geringem Maße zur hydrostatischen Entlastung der Axialkraft bei. Beim untersuchten Gleitschuh des Typs II hingegen ist der am Dichtsteg aufgebrachte Traganteil deutlich größer. Im Falle einer hydrostatischen Entlastung von 97,5 Prozent wird die hydrostatische Kraft zu etwa 55 Prozent vom Dichtsteg aufgebracht.

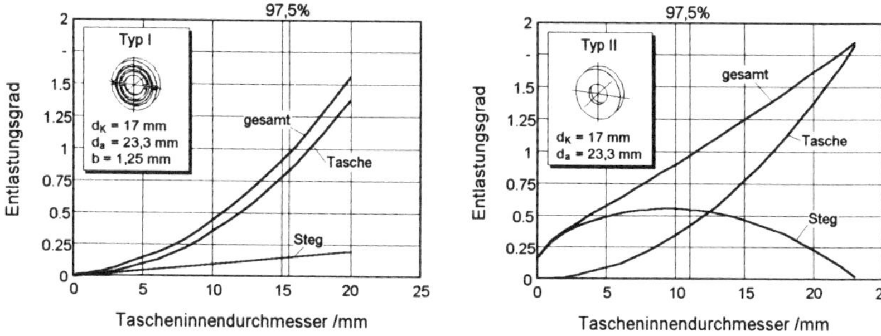


**Bild 4.10**: In der Drucktasche und am Dichtsteg aufgebrachte hydrostatische Traganteile für die untersuchten Gleitschuhversionen

### 4.2.1 Versuchsanordnung

Die **Bilder 4.11** und **4.12** zeigen den Prüfstand und das Modell zur Untersuchung der Reibungs- und Leckageanteile hydrostatisch entlasteter Gleitschuhe in schematischer Darstellung.

Die in Bild 4.12 bzw. rechts in Bild 4.11 im Schnitt dargestellte Modellanordnung wird im in Kapitel 3.1 bereits vorgestellten Reibungsprüfstand eingesetzt. Die *nicht* rotierende Kolbentrommel, die 3 Kolben aufnimmt, wird über eine externe Druckquelle gespeist, die temperiertes und gefiltertes Druckmedium aus dem Flüssigkeitskreislauf des Reibungsprüfstandes ansaugt. Bei Druckbeaufschlagung der axial beweglichen Kolben werden die hydrostatisch entlasteten Gleitschuhe an die rotierende Laufscheibe angedrückt, wobei sich der Spalt zwischen Gleitschuh und Laufscheibe der Gleitschuhauslegung entsprechend einstellt. Das zwischen Gleitschuh und rotierender Laufscheibe übertragene Reibmoment wird direkt mittels des dargestellten Drehmomentsensors in DMS-Vollbrückenbauweise gemessen. Dieser Sensortyp kompensiert prinzipbedingt Störeinflüsse durch axiale Belastung und Biegung.

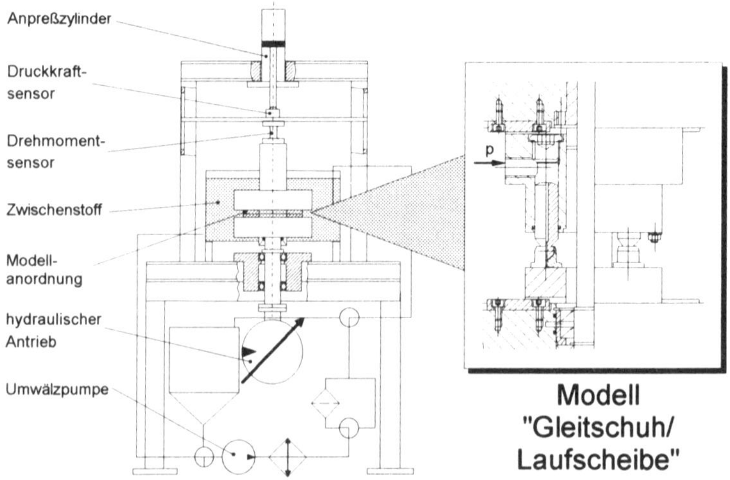


**Bild 4.11**: Modellprüfstand zur Untersuchung des Reibungs- und Leckageverhaltens des tribologischen Systems „Gleitschuh / Schrägscheibe“

**Bild 4.12**: Versuchsmodell zur Untersuchung des Reibungs- und Leckageverhaltens von Gleitschuhen

Zur Messung des Leckagestromes durch den Spalt zwischen Gleitschuh und rotierender Scheibe wird ein Zahnradmeßmotor in der Zuleitung des Modells verwendet. Während der Leckagemessungen wird der Spalt zwischen Kolben und Zylinder über Rundschnurdichtringe abgedichtet. Umfangreiche Vorversuche haben gezeigt, daß die reibungsbehaftete Abdichtung der Kolben das

Bewegungsverhalten der Gleitschuhe nicht nachhaltig beeinflußt. Wie die Versuche ebenfalls zeigten, kann die Leckage durch das Kugelgelenk zwischen Kolben und Gleitschuh vernachlässigt werden.

Bei den im folgenden beschriebenen Versuchen wurden die eingesetzten Kolben - wenn nicht explizit anders vermerkt - mit konstantem Druck beaufschlagt. Die Drehzahl der rotierenden Scheibe wurde ausgehend von maximaler Drehzahl (1.500 U/min) über einen Zeitraum von 10 Minuten in Stufen ($\Delta n = 10$ U/min) bis auf Stillstand abgesenkt. Durch die langsame, stufenweise Drehzahländerung ist sichergestellt, daß hydrodynamische Effekte durch Verdrängungsströmung bei der Ermittlung des Reibmoments abgeklungen sind. Die Kurven sind somit aus Messpunkten zusammengesetzt, die im quasistationären Betrieb aufgenommen wurden.

Gegenüber der Realität wurden im Modellversuch einige starke Vereinfachungen getroffen. Bezug nehmend auf die bisher gemachten Überlegungen unterscheidet sich die Belastung der Gleitschuhe im der Modellkonfiguration gegenüber dem Betrieb in Axialkolbenmaschinen in folgenden Punkten:

- Die Gleitschuhe werden im Modell nicht durch Fliehkräfte, die durch die Rotation der Kolbentrommel entstehen, belastet. Im untersuchten Fall, in dem die Abmessungen einer realen Axialkolbenmaschine nachgebildet sind, können die hieraus resultierenden Abweichungen vernachlässigt werden, da der Abstand zwischen Gleitschuhschwerpunkt und Gelenkmittelpunkt (5,5 mm) sowie die Gleitschuhmasse (23,2 g) klein sind. Im untersuchten Drehzahlbereich ($n_{max} = 1.500$ U/min) tritt in der realen Maschine ein durch Fliehkräfte bewirktes Kippmoment von maximal 0,11 Nm auf. Die hierdurch auftretende, außermittige Belastung der Gleitfläche des Kolbenschuhs kann gegenüber der aus der Druckbeaufschlagung des Kolbens resultierenden Belastung vernachlässigt werden.

- Die Kolben vollführen keinen Hub. Hinsichtlich der auf den Gleitschuh wirkenden Kräfte bedeutet dies, daß sie nicht die zusätzliche Be- und Entlastung durch Kolbenreibung sowie durch translatorische Trägheitskräfte des massebehafteten Systems Kolben/Gleitschuh erfahren. In realen Komponenten ist zu berücksichtigen, daß die in der Kolbenführung wirkenden Reibungskräfte während der Hochdruckphase bei Pumpen- und Motorenbetrieb unterschiedliche Vorzeichen aufweisen. Wie die Ausführungen in Kapitel 5 noch zeigen werden, nimmt die Kolbenreibung in weiten Geschwindigkeits- und Druckbereichen des Kolbens einen Betrag an, der im Mittel bei etwa 10 Prozent der durch den Zylinderdruck entstehenden, auf den Kolben wirkenden Axialkraft beträgt. Die den axialen Druckkräften zu überlagernde Be- oder Entlastung beträgt somit vereinfachend etwa 10 Prozent der am Gleitschuh abzustützenden Normalkraft.

- Die Gleitschuhe werden nicht durch einen Niederhalter belastet. Diese Zusatzbelastung beträgt jedoch gerade bei hohen Zylinderdrücken lediglich wenige Prozent der Kolbenkraft.

- Die auftretende außermittige Belastung des Gleitschuhs durch Reibung im Gelenk zum Gleitschuh bei Kolbenrotation wird nicht berücksichtigt. Die Praxis zeigt, daß das in reibungstechnischer Hinsicht von geneigter Schrägscheibe und Zylinderbohrung beeinflußte System Kolben/Gleitschuh ein indifferentes Reibverhalten zeigt. Je nach Höhe der Reibung an den einzelnen Reibkontakten dreht der Kolben sich in der Zylinderbohrung mit einer Drehzahl, die zwischen Null und der Antriebsdrehzahl des Verdrängers liegt. Dieser Sachverhalt gilt in gleicher Weise für den Gleitschuh. In der Literatur wird davon ausgegangen, daß der Kolben bei kleinen Maschinendrehzahlen aufgrund der nur niedrig entlasteten Gelenkverbindung zum Gleitschuh mit der Maschinendrehzahl in seiner Bohrung umläuft. In diesem Fall wäre die zusätzliche Gleitschuhbelastung maximal. Bei hohen Drehzahlen kann jedoch davon ausgegangen werden, daß das Gleitschuhgelenk durch Verdrängungseffekte in hohem Maße entlastet wird und die Reibung im Gelenk weitgehend vernachlässigt werden kann /B7/.

Trotz der getroffenenen Vereinfachungen erlaubt das Modell die Bestimmung der am System Gleitschuh/Schrägscheibe auftretenden Reibungs- und Leckageverluste. Die Durchführung von Messungen dieser Art in Verdrängermaschinen ist aufgrund meßtechnischer Schwierigkeiten nur mit sehr hohem Aufwand möglich. Mit Hilfe des Prüfstandes lassen sich insbesondere die energetischen Qualitäten verschiedener Gleitschuhgeometrien und Werkstoffe in vergleichenden Versuchsreihen zuverlässig gegenüberstellen. Die aus den Vereinfachungen resultierenden Abweichungen bezüglich der Belastung des Gleitschuhs können daher in weiten Betriebsbereichen vernachlässigt werden.

Bei den im folgenden aufgeführten Ergebnissen der Reibungsmessungen wird das gemessene Reibmoment in eine Reibungszahl μ umgerechnet. Dabei gilt:

$$\mu = \frac{F_{Reib}}{F_{Normal}} . \qquad \text{Gl. 4.11}$$

Mit:

$$M_{Reib} = z \cdot F_{Reib} \cdot D/2 \qquad \text{Gl. 4.12}$$

und:

$$F_{Normal} = p \cdot \frac{\pi}{4} \cdot d_K^2 \qquad \text{Gl. 4.13}$$

folgt:

$$\mu = \frac{8 \cdot M_{Reib}}{z \cdot D \cdot \pi \cdot d_K^2 \cdot p} \qquad \text{Gl. 4.14}$$

wobei $M_{Reib}$ das gemessene Reibmoment, z die Anzahl der Gleitschuhe (hier: z = 3) und p der auf den Kolben wirkende Betriebsdruck sind.

### 4.2.2 Einlaufverhalten der Gleitschuhe

Wie Versuche an realen Komponenten und auch die Modellversuche gezeigt haben, wird das Reibungsverhalten von Gleitschuhen in starkem Maße durch Einlaufvorgänge beeinflußt. **Bild 4.13** zeigt den Einfluß des Einlaufzustandes auf das Reibungsverhalten eines zu 80 Prozent hydrostatisch entlasteten Gleitschuhs des in Bild 4.9 dargestellten Typs II. Die Kurven beschreiben das Reibungsverhalten der Gleitschuhe bei wiederholter Durchführung des Versuchs bei gleichen Versuchsparametern.

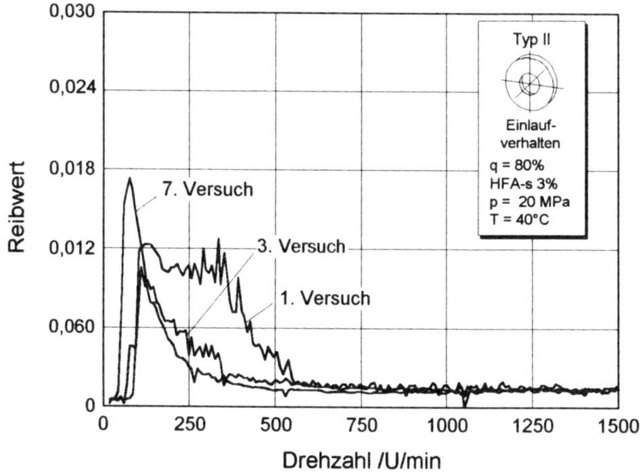


**Bild 4.13**: Einlaufverhalten hydrostatisch entlasteter Gleitschuhe

Wie die Kurvenverläufe zeigen, ändert sich der Reibwertverlauf am neuen Gleitschuh zunächst von Versuch zu Versuch. In der dargestellten Konfiguration sind die Reibverläufe ab dem siebten Versuch (Gesamtlaufzeit: 70 min.) reproduzierbar. **Bild 4.14** zeigt die zugehörigen Oberflächenschriebe der Gleitfläche des neuwertigen (oben) sowie des eingelaufenen Gleitschuhs (unten).

Während des Einlaufvorganges wird am neuwertigen, geläppten Gleitschuh, der eine plane Gleitfläche mit sehr geringen Formabweichungen aufweist, in der Weise Material abgetragen, daß die Lauffläche nach dem Einlaufen eine leicht ballige Form aufweist. Hierdurch werden die hydrodynamischen Eigenschaften des Gleitschuhs verbessert, die Ausbildung eines tragfähigen Schleppströmungsfilmes wird begünstigt. Der Eintritt in das Mischreibungsgebiet verschiebt sich zu kleineren Drehzahlen hin. Mit dem eingelaufenen Schuh stellt sich bei Betrieb im Mischreibungsgebiet ein günstigerer Kontakt zwischen Schuh und Scheibe ein, wodurch der Reibwertverlauf nahezu frei von Unstetigkeiten bleibt.

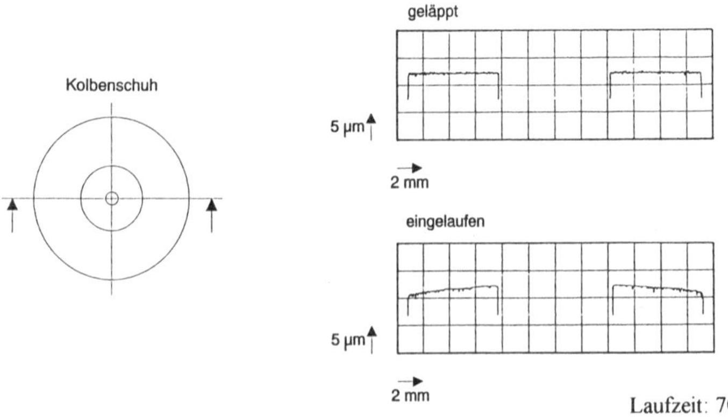


Laufzeit: 70 min

**Bild 4.14**: Oberflächenschriebe eines neuwertigen und eines eingelaufenen Gleitschuhs

Vor Beendigung des Einlaufvorganges konnte in Versuchen, bei denen die Drehzahl vom Stillstand ausgehend gesteigert wurde, wiederholt festgestellt werden, daß die Gleitschuhe sich regelrecht an die Laufscheibe „angesaugt“ hatten. Zum Teil erstreckte sich bei diesen Versuchen das Mischreibungsgebiet über den gesamten Drehzahlbereich. Nach Abschluß der Einlaufprozedur spielte es für die Reproduzierbarkeit der Versuche keine Rolle mehr, in welcher Richtung der Drehzahlbereich durchfahren wurde, d.h. ob die Drehzahl vom Stillstand ausgehend angehoben oder von der Maximaldrehzahl aus abgesenkt wurde.

Das Reibungs- und Einlaufverhalten des Gleitschuhs verdeutlicht im übrigen die Bedeutung, die der exakten Nachbildung der Funktionsflächen der Gleitlagerbauteile bei der Erstellung mathematischer Modelle zur numerischen FEM-Simulation von Gleitlagerungen zukommt. In Anbetracht der zu erwartenden kleinen Spaltweiten von nur wenigen Mikrometern wird das Reibungs- und Leckageverhalten durch geringfügige Oberflächen- und Formveränderungen stark beeinflußt. Die Annahme von planen Oberflächen der beteiligten Reibpartner wird somit z.T. erhebliche Abweichungen der Rechenergebnisse verursachen. Bei der Simulation sind folglich auch die mikrogeometrischen Abmessungen der Bauteile zu berücksichtigen, wie es bei neueren Programmen der Fall ist /K1/.

Abschließend sei erwähnt, daß die Ergebnisse der im folgenden aufgeführten Messungen ohne Ausnahme mit nach beschriebener Prozedur eingelaufenen Bauteilen erzielt wurden.

### 4.2.3 Variation der Gleitschuhgeometrie

**Bild 4.15** zeigt den bei verschiedenen Betriebsdrücken gemessenen Reibmomentenverlauf eines zu 90 Prozent entlasteten Gleitschuhs des Typs II mit breitem Dichtsteg.

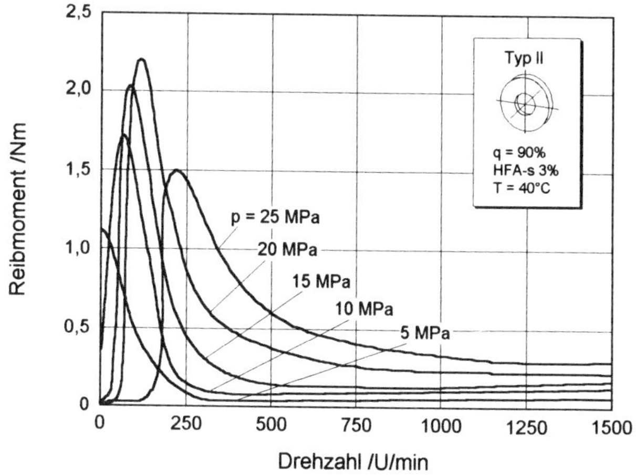


**Bild 4.15**: Reibmomente in Abhängigkeit der Drehzahl des zu 90 Prozent entlasteten Gleitschuhs des Typs II bei verschiedenen Betriebsdrücken

Die aus dem dargestellten Reibmomentenverlauf nach Gleichung 4.14 berechneten Reibwerte sind in **Bild 4.16** dargestellt.

Aufgrund der hydrostatischen Entlastung des Gleitschuhs liegt das Niveau der Reibwerte insgesamt deutlich niedriger als beispielsweise bei den Modellversuchen mit scheibenförmigen Prüfkörpern aus Kapitel 3. Die Reibwertverläufe veranschaulichen, daß bei hohen Drehzahlen für alle eingestellten Betriebsdrücke der Zustand reiner Flüssigkeitsreibung erreicht wird. Die Übergangsdrehzahl liegt je nach Druck im Bereich von etwa 300 U/min (p = 5 MPa) bis hin zu ca. 1000 U/min bei 25 MPa. Während bei einem Betriebsdruck von 5 MPa der charakteristische Stribeck-Verlauf der Reibwerte über der Drehzahl gemessen werden kann (s.a. Kapitel 2), ändert sich dieser Sachverhalt bei höheren Betriebsdrücken. Entgegen den theoretischen Erwartungen, nach denen der Maximalwert der Reibung im Stillstand erreicht wird, liegt das Reibungsmaximum bei den dargestellten Kurven für Betriebsdrücke oberhalb von 10 MPa im Mischreibungsgebiet. Mit zunehmendem Betriebsdruck verschiebt sich das Reibungsmaximum zu höheren Drehzahlen hin. Ähnliche Versuchsergebnisse wurden auch von Jang /J2/ für den Betrieb mit Mineralöl erzielt.

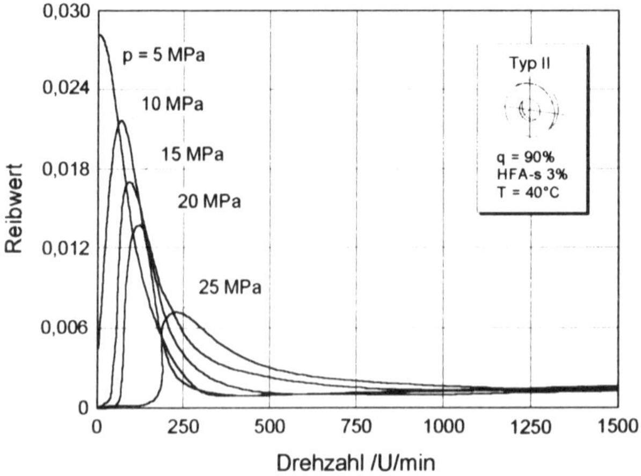


**Bild 4.16**: Reibwert in Abhängigkeit der Drehzahl bei zu 90 Prozent entlastetem Gleitschuh für verschiedene Betriebsdrücke

Die Leckage des zu 90 Prozent entlasteten Gleitschuhs ist in **Bild 4.17** dargestellt.

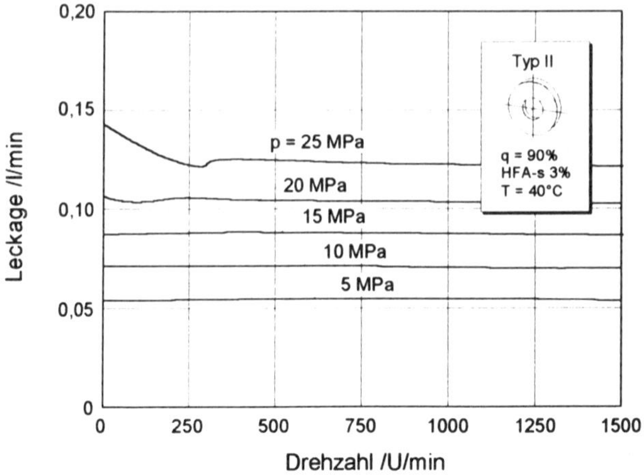


**Bild 4.17**: Leckage *eines* zu 90 Prozent hydrostatisch entlasteten Gleitschuhs in Abhängigkeit der Drehzahl für verschiedene Betriebsdrücke

Die Leckage am Gleitschuh steigt mit dem Betriebsdruck an und zeigt für alle Betriebsdrücke bei Drehzahlen oberhalb von etwa 500 U/min keine nennenswerte Drehzahlabhängigkeit. Für hohe Versorgungsdrücke kann bei kleinen Drehzahlen ein Anstieg der Leckage festgestellt werden.

Dies deutet auf eine erhöhte Spaltweite zwischen Gleitschuh und Laufscheibe hin und korrespondiert mit dem aus Bild 4.16 zu entnehmenden Reibwertabfall in diesem Betriebspunkt.

Bei Variation des hydrostatischen Entlastungsgrades des Gleitschuhtyps II ergibt sich der in **Bild 4.18** dargestellte Reibwertverlauf.

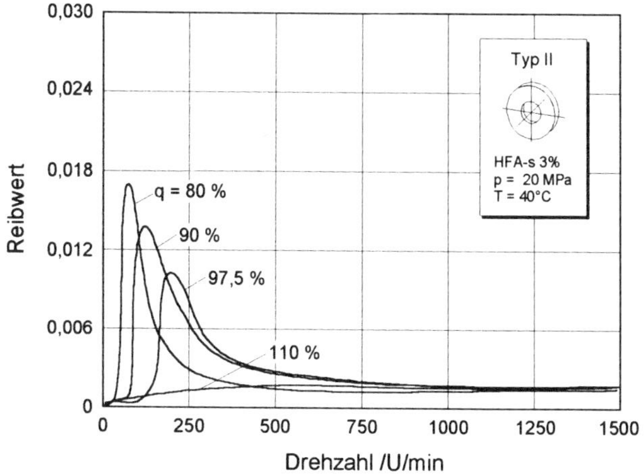


**Bild 4.18**: Reibwert in Abhängigkeit der Drehzahl bei einem Betriebsdruck von 20 MPa für verschiedene Entlastungsgrade

Mit abnehmendem Entlastungsgrad treten im Mischreibungsgebiet höhere Reibwerte auf. Die Übergangsdrehzahl der untersuchten Gleitschuhe ist ebenfalls von der hydrostatischen Entlastung abhängig und sinkt mit dem Entlastungsgrad. Dies ist durch die mit abnehmendem Entlastungsgrad zunehmende Fläche der den Dichtspalt zwischen Gleitschuh und Laufscheibe begrenzenden Fläche zu erklären (s.a Kapitel 4.2 und Bild 4.10), an die der durch Schleppströmung aufgebaute Tragdruck angreift. Die hydrodynamische Tragfähigkeit durch die Schleppströmung wird somit erhöht.

Bei Verwendung eines zu 110 Prozent hydrostatisch entlasteten Gleitschuhs tritt im untersuchten Drehzahlbereich erwartungsgemäß keine Mischreibung auf. Entsprechende Messungen ergaben für diesen Gleitschuh jedoch, daß die Leckage stark überhöht ist. Bei einem Druck von 20 MPa entweicht durch den Spalt zwischen Gleitschuh und Laufscheibe etwa 1 Liter Flüssigkeit pro Minute. Entsprechende Leckagemessungen für die teilentlasteten Gleitschuhe sind in **Bild 4.19** aufgeführt.

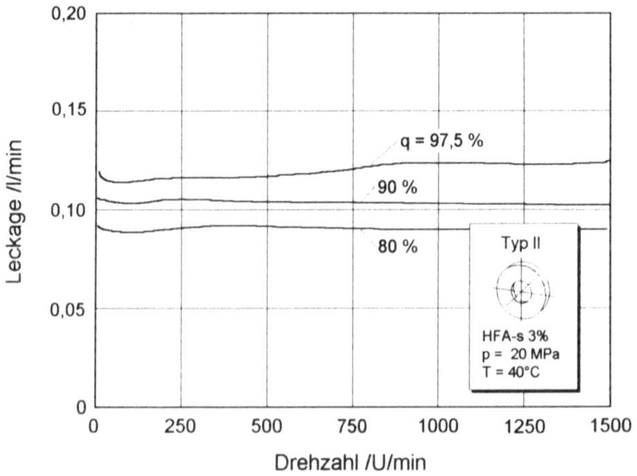


**Bild 4.19**: Leckage *eines* Gleitschuhs in Abhängigkeit der Drehzahl bei einem Betriebsdruck von 20 MPa für verschiedene Entlastungsgrade

Durch Reduktion des Entlastungsgrades kann die Leckage reduziert werden. Dies ist insbesondere für die Pumpenauslegung von Interesse, als diese in der Regel bei hohen Drehzahlen betrieben werden und dabei reine Flüssigkeitsreibung - wie aus den Bildern 4.16 und 4.18 entnommen werden kann - auftritt.

Im Gegensatz zu dem zu 97,5 Prozent entlasteten Gleitschuh des Typs II, der über einen einzigen breiten Dichtsteg verfügt, weist der Gleitschuh mit getrennten Trag- und Dichtstegen (Typ I in Bild 4.9) günstigere Reibwerte auf. Wie **Bild 4.20** zeigt, verläuft der Reibwert des letztgenannten Gleitschuhs nahezu unabhängig von Betriebsdruck und Drehzahl auf sehr geringem Niveau. Zum Vergleich ist der Reibwertverlauf des entsprechend entlasteten Gleitschuhs mit breitem Steg (Typ II) bei einem Versorgungsdruck von 25 MPa eingetragen.

Bezüglich der Leckage verhält sich der zu 97,5 Prozent entlastete Gleitschuh des Typs I jedoch ungünstiger als der Schuh mit kombiniertem Trag-/Dichtsteg. Nach **Bild 4.21** nimmt die Leckage gegenüber dem Gleitschuh des Typs II deutlich höhere Werte an, wobei keine ausgeprägte Abhängigkeit vom Betriebsdruck abgeleitet werden kann.

**Bild 4.22** zeigt den analogen Sachverhalt für den Gleitschuh des Typs II zum Vergleich.

Zusammenfassend können dem hydrostatisch entlasteten Gleitschuh mit einem einzigen breiten Dichtsteg deutlich günstigere Eigenschaften bezüglich der Leckage gegenüber dem Gleitschuh mit getrennten Trag-/Dichtstegen zugesprochen werden. Während der Schuh mit dem breiten Dichtsteg im Mischreibungsgebiet höhere Reibverluste aufweist, erreichen beide Gleitschuhe bei höheren Drehzahlen den Zustand reiner Flüssigkeitsreibung mit gleich hohen Scherungsverlusten.

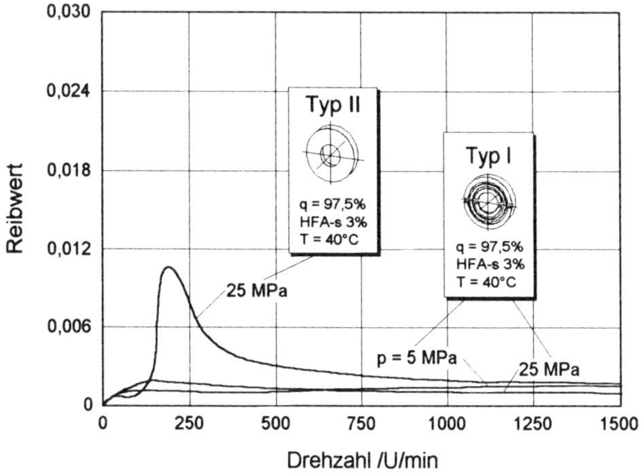


**Bild 4.20**: Reibwert in Abhängigkeit der Drehzahl von zu 97,5 Prozent entlasteten Gleitschuhen für verschiedene Betriebsdrücke

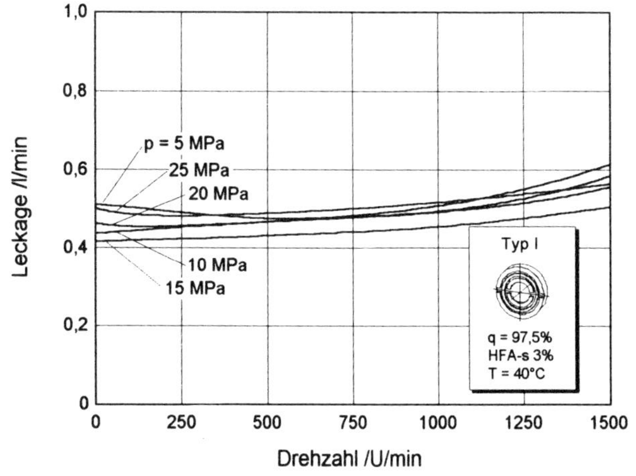


**Bild 4.21**: Leckage *eines* zu 97,5 Prozent entlasteten Gleitschuhs des Typs I in Abhängigkeit der Drehzahl für verschiedene Betriebsdrücke

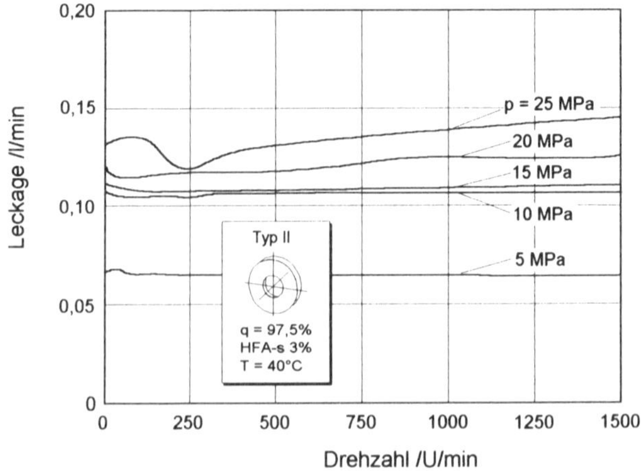


**Bild 4.22**: Leckage *eines* zu 97,5 Prozent entlasteten Gleitschuhs des Typs II in Abhängigkeit der Drehzahl für verschiedene Betriebsdrücke

### 4.2.4 Variation des Gleitschuhwerkstoffes

Wie eigene Untersuchungen des Reib- und Verschleißverhaltens verschiedener Werkstoffpaarungen bei HFA-Schmierung aus Kapitel 3 gezeigt haben, verfügt die PVD-Schichtkombination CrN auf vergütetem Ck45 in Kontakt mit vergütetem Ck45 über gegenüber den konventionellen Werkstoffkombinationen durchweg günstigere Reibungs- und Verschleißeigenschaften. Zur Untersuchung des Potentials der Reduktion der Gleitschuhreibung wurde diese Werkstoffkombination im Modell Gleitschuh/Schrägscheibe eingesetzt. Da der zu 97,5 Prozent entlastete Gleitschuh des Typs II hinsichtlich Reibung und Leckage ein günstiges Verhalten aufweist, wurde dessen Geometrie der Werkstoffvariation zugrunde gelegt.

**Bild 4.23** zeigt den Reibungsverlauf des CrN-beschichteten Gleitschuhs, gepaart mit einer Laufscheibe aus vergütetem Ck45. Der Grundkörper des Gleitschuhs besteht ebenfalls aus diesem Material.

Gegenüber der herkömmlichen Werkstoffkombination aus Sondermessing (Gleitschuh) und gasnitriertem Stahl (Laufscheibe) lassen sich die Reibungsverluste im Mischreibungsgebiet reduzieren. Anzumerken ist, daß die Lauffläche des Grundkörpers vor der Beschichtung durch Feinbearbeitung in eine leicht ballige Form gebracht wurde, die der des eingelaufenen Gleitschuhs aus Bild 4.14 entspricht. Eben eingeläppte Gleitschuhe behindern die Ausbildung von Schleppströmung unter dem Gleitschuh. Durch die leicht ballige Gleitschuhlauffläche hingegen wird an der

Anströmseite ein konkaver Verlauf des Spaltes zwischen Gleitschuh und Laufscheibe erreicht, wodurch die hydrodynamische Tragfähigkeit des Gleitschuhs durch Schleppströmung insbesondere bei kleinen Gleitgeschwindigkeiten zunimmt.

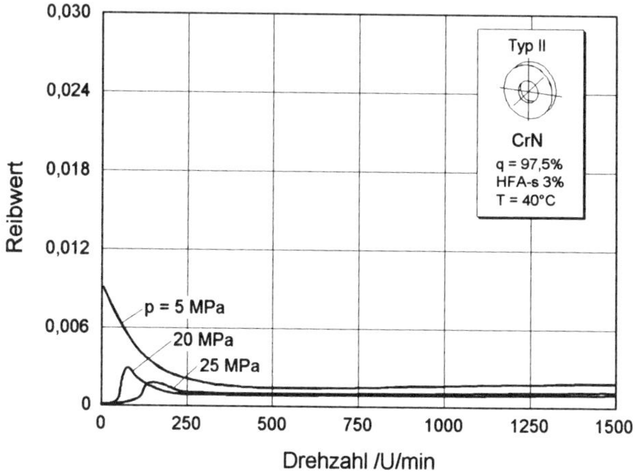


**Bild 4.23**: Reibwert in Abhängigkeit der Drehzahl eines zu 97,5 Prozent entlasteten, PVD-beschichteten Gleitschuhs des Typs II für verschiedene Betriebsdrücke

### 4.2.5 Einfluß der Druckflüssigkeit

Die bisherigen Ausführungen haben gezeigt, daß trotz der geringen Viskosität der 3-prozentigen HFA-Lösung zu höheren Drehzahlen hin der Zustand reiner Flüssigkeitsreibung erreicht wird. Bedingt durch die niedrige Viskosität der HFA-Lösung von $\nu = 0,7\ mm^2/s$ bei 40°C sind die Reibungsverluste als sehr niedrig anzusehen.

Bei Verwendung einer Flüssigkeit des Typs HFC 46 steigen die Reibungsverluste im Gebiet der Flüssigkeitsreibung, wie **Bild 4.24** zeigt. Zum Vergleich ist der Reibungsverlauf des zu 90 Prozent entlasteten Schuhs bei Betrieb mit HFA-Lösung eingetragen (p = 20 MPa). Die gemessene Viskosität des HFC beträgt 41 $mm^2/s$ bei 40°C. Es wird deutlich, daß durch die gegenüber der HFA-Lösung hohe Viskosität des HFC gerade bei kleinen Betriebsdrücken verhältnismäßig hohe Reibungsverluste verursacht werden.

Bei Variation des Entlastungsgrades ergeben sich die in **Bild 4.25** dargestellten Reibwertverläufe. Analog zum Betrieb mit HFA-Lösung ergeben sich im Mischreibungsgebiet niedrigere Reibwerte, wenn der Entlastungsgrad angehoben wird. In der Nähe der Übergangsdrehzahl kreuzen sich die Reibwertverläufe. Durch die mit fallendem Entlastungsgrad zunehmende Stegfläche verfügen die niedriger entlasteten Gleitschuhe über höhere Traganteile durch Schleppströmung. Hierdurch vergrößert sich die Spaltweite zwischen Gleitschuh und rotierender Scheibe, so daß trotz der größeren spaltbegrenzenden Fläche der niedriger entlasteten Gleitschuhe im Gebiet der Flüssigkeitsreibung insgesamt niedrigere Reibungsverluste erzielt werden können.

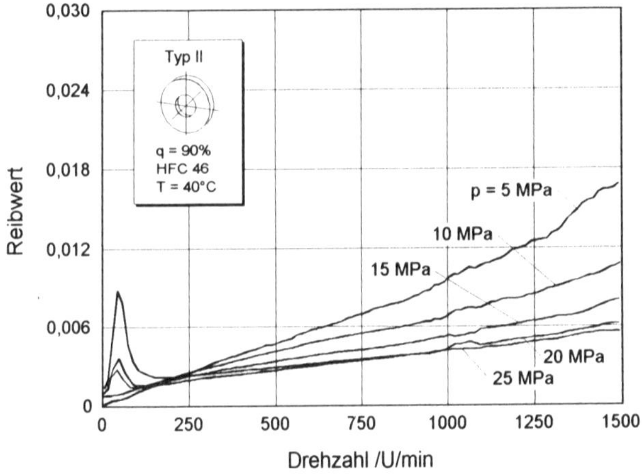


**Bild 4.24**: Reibwert in Abhängigkeit der Drehzahl eines zu 90 Prozent entlasteten Gleitschuhs des Typs II für verschiedene Betriebsdrücke (HFC 46)

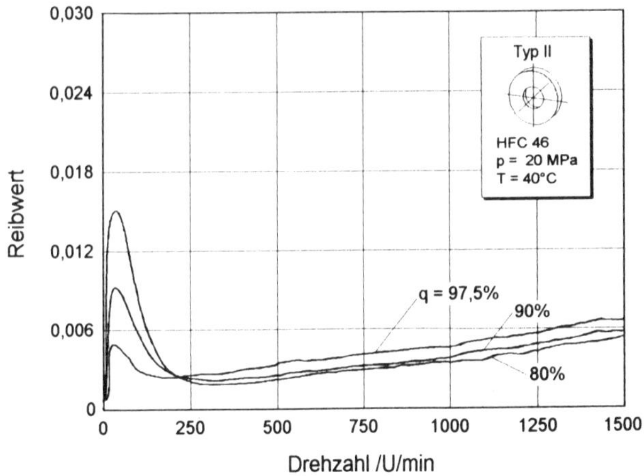


**Bild 4.25**: Reibwert in Abhängigkeit der Drehzahl bei einem Betriebsdruck von 20 MPa für verschiedene Entlastungsgrade (Gleitschuhtyp II, HFC 46)

### 4.2.6 Bestimmung der Spaltausbildung zwischen Gleitschuh und Laufscheibe

Zur Bestimmung der Spaltweiten zwischen Gleitschuh und rotierender Scheibe wurde der zu untersuchende Schuh gemäß **Bild 4.26** mit Sensoren ausgestattet.

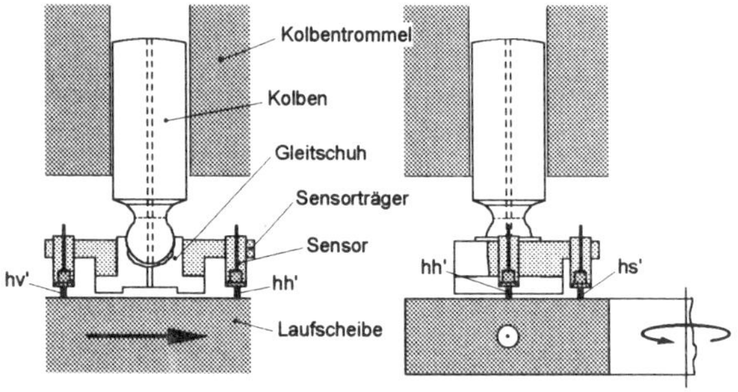


**Bild 4.26**: Anordnung der induktiven Wegsensoren am Gleitschuh

Die Wegmessung erfolgt außerhalb des Gleitschuhs, wobei durch die geometrischen Verhältnisse eine Verstärkung des Weges erfolgt. Bei den Sensoren handelt es sich um Wirbelstromsensoren mit einem nominellen Meßbereich von 1 mm. Laut Herstellerangaben beträgt die statische Auflösung der Sensoren 0,2 µm, bei dynamischen Signalen von 2 kHz 1,0 µm.

Die an den Sensoren gemessenen Verlagerungen werden zur anschaulichen Darstellung in Spalthöhen am Gleitschuh umgerechnet (**Bild 4.27**). Aus den gemessenen Werten $h_v$ und $h_h$ läßt sich unmittelbar die mittlere Spalthöhe $h_m$ unter dem Gleitschuh errechnen.

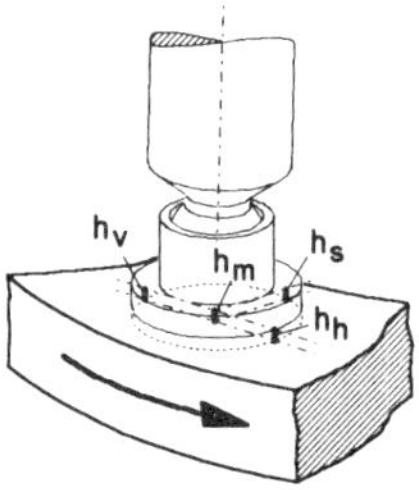


**Bild 4.27**: Lage der angegebenen Spalthöhen auf dem Gleitschuhrand

Ausgehend von den Meßpunkten $h_v$, $h_h$ und $h_s$, die wie in Bild 4.27 dargestellt auf dem Rand des Gleitschuhs liegen, kann der Abstand eines beliebigen Punktes P, der unter dem Winkel α auf dem Rand des Gleitschuhs liegt, gemäß:

$$h_{(\alpha)} = h_h \cdot \sin\alpha + h_s \cdot \cos\alpha + h_m\left(1 - \left(\sin\alpha + \cos\alpha\right)\right) \qquad \text{Gl. 4.15}$$

mit:

$$h_m = \frac{h_v + h_h}{2} \qquad \text{Gl. 4.16}$$

berechnet werden.

Maxima für $h_{(\alpha)}$ liegen an der Stelle:

$$\alpha = \arctan\frac{h_m + h_s}{h_m + h_h} \qquad \text{Gl. 4.17}$$

Auf diese Weise lassen sich der maximale und der minimale Abstand zwischen Gleitschuh und Laufscheibe berechnen. Bei den Angaben der auf dem Gleitschuhrand liegenden Spalthöhen ist zu berücksichtigen, daß der Gleitschuh nicht vollkommen plan ist, sondern über eine leicht ballige Form verfügt (Bild 4.14). Insofern stellt sich unter dem Gleitschuh eine tatsächliche mittlere Spalthöhe $h_m$ ein, die etwas unterhalb der angegebenen Werte liegt.

**Bild 4.28** zeigt den gemessenen, auf den Gleitschuhrand bezogenen Spalthöhenverlauf in Abhängigkeit der Drehzahl der Laufscheibe für den zu 90 Prozent entlasteten Gleitschuh des Typs II bei einem Versorgungsdruck von 20 MPa. Als Druckflüssigkeit wurde 3-prozentige HFA-Lösung verwendet.

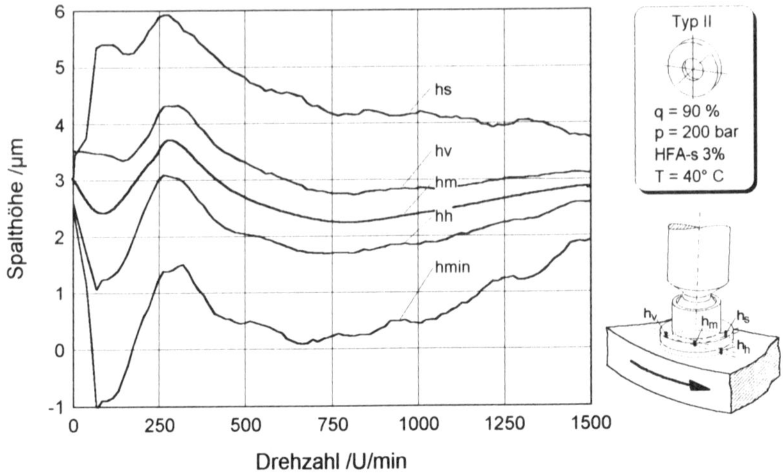


**Bild 4.28**: Spaltweite in Abhängigkeit der Drehzahl für Gleitschuhvariante II (HFA-s 3%)

Bei einer Drehzahl von 1.500 U/min stellt sich eine mittlere Spaltweite $h_m$ zwischen Gleitschuh und Laufscheibe von etwa 3 µm ein. Mit fallender Drehzahl nimmt die Spaltweite zunächst ab. Bei Drehzahlen unterhalb von etwa 750 U/min stellt sich der Gleitschuh steiler auf. Sinkt die Drehzahl unter einen Wert von etwa 300 U/min, so nähert sich der Gleitschuh an die Laufscheibe an und berührt diese unterhalb einer Drehzahl von 200 U/min. Unterhalb von 50 U/min findet ein zügiges Abheben des Gleitschuhes von der Scheibe statt, er schwimmt bei Stillstand der Anordnung in etwa parallel zur Laufscheibe auf. Die gemessenen Spalthöhenverläufe korrespondieren mit dem in Bild 4.16 aufgeführten Reibwertverlauf, bei dem Mischreibung im Drehzahlbereich um etwa 100 U/min gemessen wurde und der Gleitschuh im Stillstand ohne Kontakt zur Laufscheibe über einen Flüssigkeitsfilm abgestützt wird.

Bei Verwendung des höherviskosen HFC 46, das bei 40 °C eine kinematische Viskosität von 41 $mm^2/s$ aufweist, stellt sich ein anderer Verlauf der Spalthöhen ein (**Bild 4.29**).

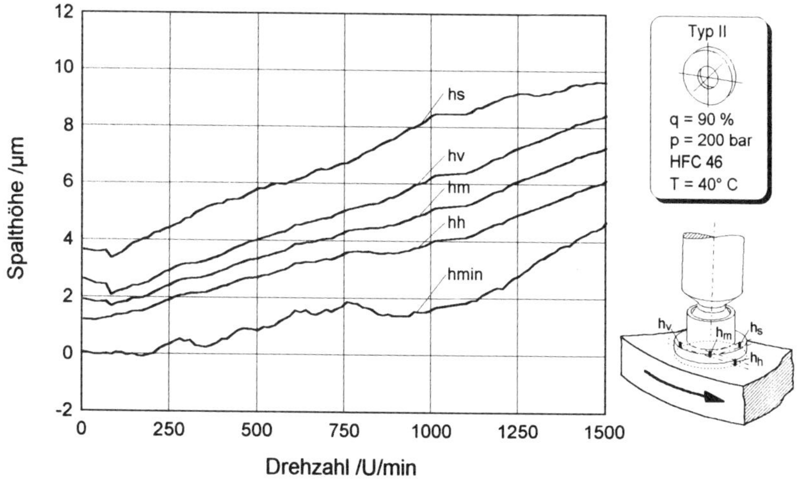


**Bild 4.29**: Spaltweite in Abhängigkeit der Drehzahl für Gleitschuhvariante II (HFC 46)

Erwartungsgemäß ist die mittlere Spaltweite $h_m$ bei 1.500 U/min mit etwa 7,5 µm aufgrund der höheren Viskosität des HFC deutlich größer als bei Verwendung der HFA-Lösung. Bei Absenkung der Drehzahl nähert sich der Gleitschuh kontinuierlich der Laufscheibe an und berührt diese unterhalb einer Drehzahl von 200 U/min. Ob der Gleitschuh im Stillstand Kontakt zur Laufscheibe hat, kann anhand der Spaltweitenmessung nicht eindeutig nachgewiesen werden. Beim Absenken der Drehzahl kann jedoch unterhalb von 100 U/min ein leichter sprunghafter Anstieg der Spalthöhen festgestellt werden, der auf ein Aufschwimmen des Gleitschuhs hindeutet.

### 4.2.7 Hydrodynamisches Tragvermögen durch Schlepp- und Verdrängungsströmung bei unterschiedlichen Gleitschuhgeometrien

In der Literatur sind verschiedene Stellen zu finden, die sich mit den hydrodynamischen Eigenschaften von Gleitschuhen befassen /B7, H1, R3/. Dabei wird zum Teil angenommen, daß ein hydrodynamischer Druckaufbau durch Schlepp- und Wärmekeilströmung vernachlässigt werden kann, der hydrodynamische Traganteil durch Verdrängungsströmung bei Druckumsteuerung, d.h. bei Annäherung des Gleitschuhes an seine Lauffläche, jedoch von wesentlichem Belang ist. Laut Böinghoff ist dies auf die Spaltausbildung zwischen Gleitschuh und Schrägscheibe zurückzuführen. Zum Aufbau eines Traganteils durch Schleppströmung ist es erforderlich, daß der Gleitschuh sich im Betrieb wie ein Kippsegmentlager verhält und einen in Bewegungsrichtung geöffneten Spalt bildet. Böinghoff weist für den Mineralölbetrieb bei niedrigen Drehzahlen theoretisch und experimentell nach, daß der unter dem geneigten Gleitschuh entstehende Keilspalt nicht ständig in Bewegungsrichtung des Gleitschuhs geöffnet ist und ein Druckaufbau durch Schleppströmung somit nicht während der gesamten Bewegungsphase möglich ist. Ursächlich hierfür sind die Reibung im Kugelgelenk des Gleitschuhs sowie die Kolbenreibung.

Die bisher aufgeführten Ergebnisse der Modellversuche zeigen jedoch, daß bei nicht ausgeschwenkter Laufscheibe, d.h. ohne Wirkung der Massenkräfte, ohne wesentliche Bewegung im Gelenk zwischen Gleitschuh und Kolben und ohne der Druckkraft auf den Kolben überlagerte Belastung durch Kolbenreibung, bereits bei relativ niedrigen Gleitgeschwindigkeit reine Flüssigkeitsreibung erreicht wird. Bedingt durch die fehlende Axialbewegung des Kolbens kann ein Tragdruckaufbau durch Verdrängungsströmung im Modellversuch ausgeschlossen werden.

Wie die in Kapitel 4.2.2 aufgeführten Erkenntnisse zum Einlaufverhalten der Gleitschuhe gezeigt haben, wird durch den Einlaufvorgang eine ballige Form der Gleitschuhlauffläche erreicht. Hierdurch stellt sich auch bei auf der Schrägscheibe aufstehendem Gleitschuh ein Keilspalt ein, der sich in Bewegungsrichtung aufweitet und bereits bei niedrigen Gleitgeschwindigkeiten einen Druckaufbau durch Schleppströmung ermöglicht.

Experimentelle Untersuchungen zur angeführten Fragestellung an Verdrängereinheiten oder in einem Modellversuch, in dem der Gleitschuh auf einer Schrägscheibe läuft und der Kolben somit einen Hub vollführt, sind aufgrund meßtechnischer Schwierigkeiten nur mit hohem Aufwand möglich.

Vereinfachte Modelluntersuchungen zur Klärung der hydrodynamischen Tragfähigkeit durch Schleppströmung wurden mit den beiden konzeptionell verschiedenen Gleitschuhen gemäß Bild 4.8 durchgeführt. Zu diesem Zweck wurde an den Gleitschuhen die Zuführbohrung des hydrostatischen Entlastungsfeldes verschlossen. Im Versuch mit konstanter Druckbeaufschlagung der Kolben/Gleitschuh-Einheiten können die Axialkräfte somit nur durch Bauteilkontakt oder aber durch Schleppströmung abgestützt werden. Die Gelenkverbindung zwischen Kolben und Gleitschuh wurde gegenüber den Versuchen an den hydrostatisch entlasteten Gleichschuhen *nicht* modifiziert.

**Bild 4.30** zeigt die Reibwertverläufe für die hydrodynamischen Gleitschuhe.

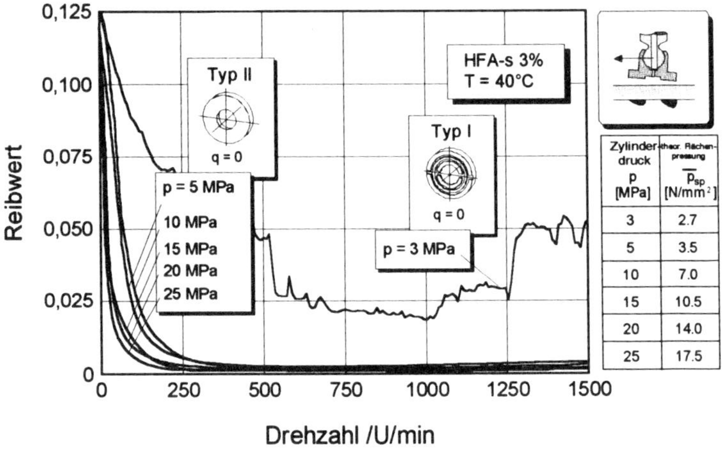


| Zylinderdruck p [MPa] | theor. Flächenpressung $\overline{p}_{sp}$ [N/mm²] |
|---|---|
| 3 | 2.7 |
| 5 | 3.5 |
| 10 | 7.0 |
| 15 | 10.5 |
| 20 | 14.0 |
| 25 | 17.5 |

**Bild 4.30**: Reibwertverläufe hydrodynamischer Gleitschuhe in Abhängigkeit der Drehzahl für verschiedene Betriebsdrücke

Beim hydrodynamischen Gleitschuh des Typs II, der über einen breiten Steg verfügt, wird die Axialkraft selbst bei einem Betriebsdruck von 25 MPa bereits ab einer Drehzahl von etwa 500 U/min durch den Druckaufbau durch Schleppströmung ohne Festkörperkontakt getragen. Wie die rechts in Bild 4.30 dargestellte Tabelle zeigt, beträgt die nominelle Pressung am Steg des Gleitschuhs bei diesem Zylinderdruck 17,5 N/mm$^2$. Demgegenüber ist die Reibung zwischen dem Gleitschuh des Typs I und der Laufscheibe selbst bei einem geringen Druck von 3 MPa im gesamten Drehzahlbereich verhältnismäßig hoch. Dies zeigt, daß der Gleitschuh im untersuchten Drehzahlbereich ständigen metallischen Kontakt zur rotierenden Schiebe aufweist. Die Pressung zwischen den Stegen des Gleitschuhs und der Laufscheibe beträgt für diesen Fall theoretisch 2,7 N/mm$^2$. Unter der durch Nuten unterbrochenen Lauffläche kann sich auch bei hohen Drehzahlen kein tragender Flüssigkeitsfilm aufbauen, der den Bauteilkontakt unterbindet.

Das Optimierungspotential, daß die im Rahmen der Untersuchungen an hydrostatisch entlasteten Gleitschuhen bereits vorgestellten Gleitschuhe mit CrN-Beschichtung bieten, ist in **Bild 4.31** dargestellt.

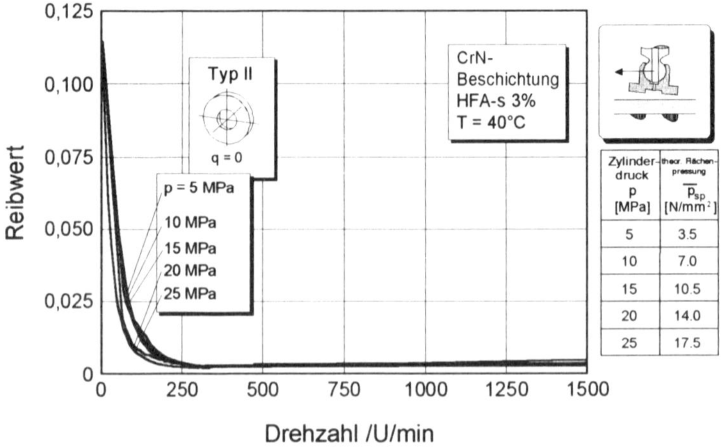


**Bild 4.31**: Reibwertverläufe hydrodynamischer Gleitschuhe des Typs II (CrN-beschichtet) in Abhängigkeit der Drehzahl für verschiedene Betriebsdrücke

Erwartungsgemäß ergibt sich im Bereich der Flüssigkeitsreibung der gleiche Kurvenverlauf wie in Bild 4.30 dargestellt. Innerhalb des Mischreibungsgebietes können jedoch niedrigere Reibwerte gegenüber den Gleitschuhen aus Sondermessing in Kombination mit einer gasnitrierten Laufscheibe verzeichnet werden. Insofern bietet sich die Verwendung entsprechender PVD-beschichteter Gleitschuhe an, wenn hohe Anforderungen an das Reibverhalten und die Verschleißbeständigkeit (s.a. Kapitel 3) gestellt werden.

Bezüglich des Tragdruckaufbaus durch Verdrängungsströmung zeigt **Bild 4.32** die Annäherung des Gleitschuhes an die Laufscheibe des Modellprüfstandes bei schneller Druckbeaufschlagung (ca. 670 MPa/s) des Kolbens. Die vollständig entlüfteten drucklosen Zylinderräume wurden bei mit 1.500 U/min rotierender Laufscheibe über ein Schaltventil mit der Druckquelle verbunden. Wie der Druckverlauf zeigt, erfolgt der Druckanstieg infolge der Kapazitäten und Induktivitäten des Versuchsaufbaus wesentlich langsamer als bei der realen Umsteuerung in einer Verdrängermaschine. Bei einer Drehzahl von 1.500 U/min dauert die gesamte Druckphase einer Kolbenmaschine lediglich 25 ms, der Betriebsdruck wird bereits nach wenigen Millisekunden erreicht. Trotz des langsamen Druckanstiegs am Modell verdeutlicht die Messung jedoch den Widerstand, der dem Gleitschuh bei Annäherung an die Laufscheibe durch die Verdrängungsströmung entgegengesetzt wird. Bei schnellerem Druckanstieg erhöht sich dieser Widerstand infolge der höheren Auswirkungen der Induktivität des Flüssigkeitsfilmes unter dem Gleitschuh, so daß der Bewegung des Gleitschuhs eine höhere Kraft entgegengesetzt wird.

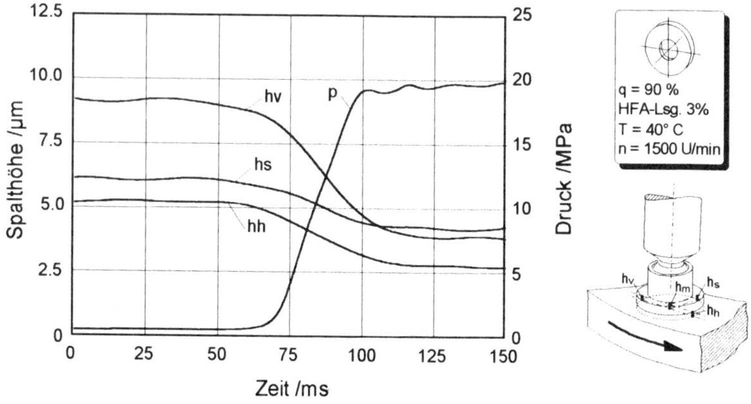


**Bild 4.32**: Spalthöhenverlauf bei Druckerhöhung von 0,5 MPa auf 20 MPa (HFA-s 3%)

Bei zunächst nahezu drucklosem Betrieb stellt sich unter dem zu 90 Prozent hydrostatisch entlasteten Gleitschuh mit breitem Dichtsteg eine mittlere Spaltweite von etwa 7 µm ein. Bei Druckerhöhung nähert sich der Gleitschuh der Laufscheibe an, ohne diese zu berühren. Die Annäherung des Gleitschuhs endet kurz nach Erreichen des stationären Druckes von 20 MPa, der nicht hydrostatisch kompensierte Überschuß der Axialkraft kann durch die Schleppströmung getragen werden. Die Spaltweite zwischen Gleitschuh und Laufscheibe beträgt im stationären Zustand bei 20 MPa gemittelt etwa 3 µm.

Unter Verwendung von HFC 46 werden im Betrieb infolge der höheren Viskosität der Flüssigkeit größere Spaltweiten erreicht. **Bild 4.33** zeigt die Annäherung des Gleitschuhs an die rotierende Scheibe für den Fall der schnellen Druckbeaufschlagung.

Im Niederdruckbetrieb beträgt die mittlere Spaltweite zwischen Gleitschuh und Laufscheibe etwa 35 µm. Während des Druckanstieges reduziert sich die mittlere Spaltweite auf einen Wert von ca. 7 µm. Die Messergebnisse zeigen eine gute Übereinstimmung mit den theoretischen Betrachtungen von Rinck /R3/.

Die aufgeführten Messungen zeigen, daß dem hydrodynamischen Traganteil durch Verdrängungsströmung in der Praxis eine hohe Bedeutung zukommt. Bei hohen Antriebsdrehzahlen ist es denkbar, daß der Verdrängungsvorgang unter dem Gleitschuh noch nicht abgeklungen ist, wenn der Zylinderraum wieder mit der Niederdruckseite des Systems in Verbindung gesetzt wird. Hinsichtlich der konstruktiven Gestaltung der Gleitschuhlauffläche ist jedoch unabhängig davon, ob der hydrodynamische Traganteil durch Verdrängungs- oder Schleppströmung letztendlich von größerer Bedeutung ist, eine verhältnismäßig große, nicht durch Nuten unterbrochene Lauffläche empfehlenswert.

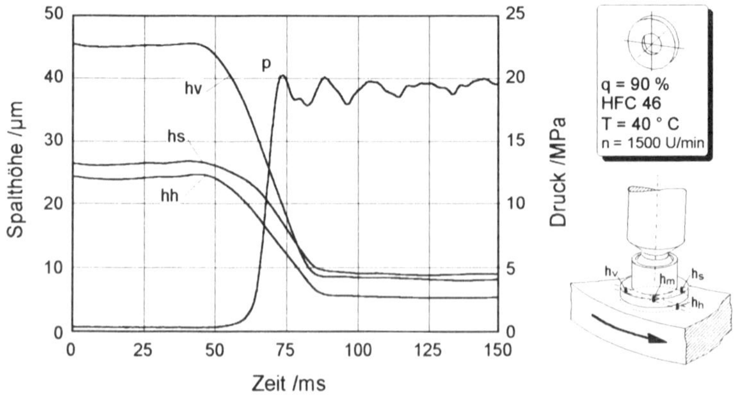


**Bild 4.33**: Spalthöhenverlauf bei Druckerhöhung von 0,5 MPa auf 20 MPa (HFC 46)

Die Bedeutung des Traganteils durch Schlepp- und Verdrängungsströmung konnte im Pumpenversuch verifiziert werden. **Bild 4.34** zeigt den Schnitt durch die hierbei eingesetzte ventilgesteuerte, innenabgestützte Radialkolbenpumpe, die ursprünglich über hydrostatisch entlastete Gleitschuhe verfügt. Vom Hersteller wird diese Pumpe mit quadratischen Gleitschuhen mit getrennten Trag- und Dichtstegen geliefert.

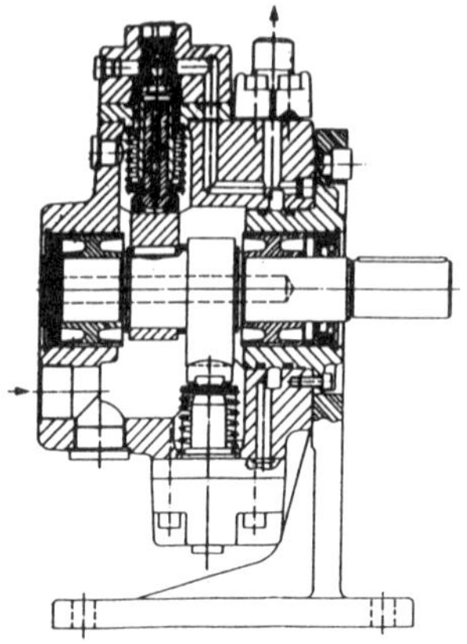

**Bild 4.34**: Ventilgesteuerte Radialkolbenpumpe

Die Pumpe wurde jeweils mit verschiedenen Gleitschuhen ausgerüstet und zur Untersuchung der Beeinflussung des Wirkungsgrades hydraulisch vermessen. **Bild 4.35** zeigt die ursprünglichen (ganz links) sowie die im Versuch eingesetzten Gleitschuhe im Vergleich.

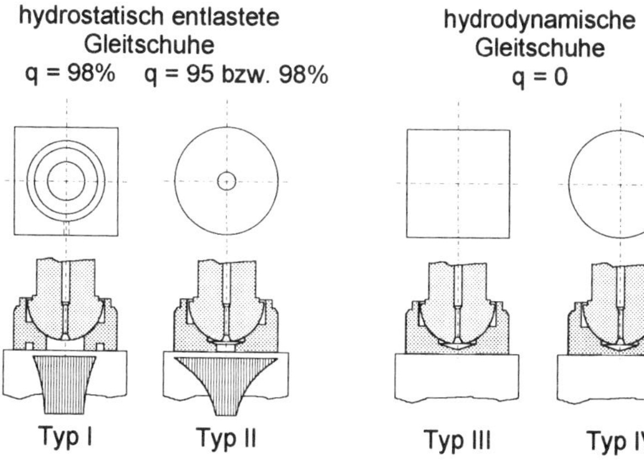


**Bild 4.35**: Serienmäßige sowie im Versuch eingesetzte Gleitschuhe im Vergleich

In **Bild 4.36** sind die bei einem Betriebsdruck von 30 MPa erreichten Wirkungsgrade bei Variation der Gleitschuhausführung dargestellt.

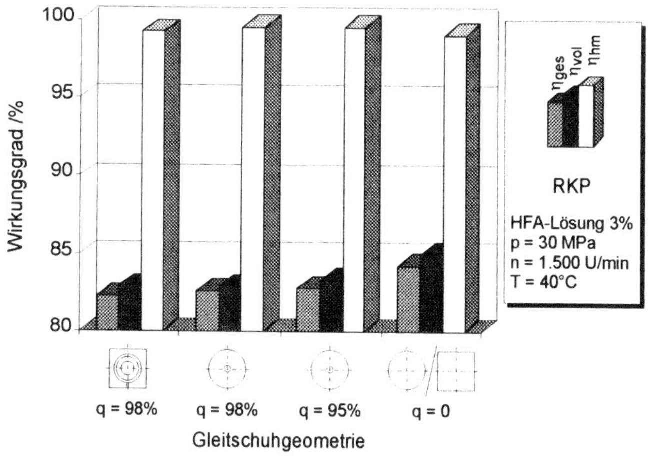


**Bild 4.36**: Pumpenwirkungsgrade bei Einsatz verschiedener Gleitschuhgeometrien

Infolge des Wegfalls der Leckage zwischen Gleitschuh und Exzenter während des Verdichtungshubes steigt der volumetrische Wirkungsgrad bei Verwendung hydrodynamischer Gleitschuhe an. Bei nahezu gleichbleibendem hydraulisch-mechanischem Wirkungsgrad kann insgesamt durch

Verwendung der rein hydrodynamischen Gleitschuhe eine Erhöhung des Wirkungsgrades erreicht werden.

Im Anschluß an die hydraulische Vermessung wurde ein Dauerversuch mit der beschriebenen Pumpe gestartet. Zu diesem Zweck wurde eine Exzenterreihe der Pumpe mit hydrostatisch entlasteten Gleitschuhen des Typs II, die zweite Exzenterreihe mit rein hydrodynamischen Schuhen des Typs IV nach Bild 4.35 ausgerüstet. Da auch nach 300 Stunden Versuchsdauer bei einem Betriebsdruck von 30 MPa kein nennenswerter Verschleiß an den hydrodynamischen Gleitschuhen zu verzeichnen war, wurde der Versuch abgebrochen. Die beschriebenen Ergebnisse zeigen insgesamt, daß durch entsprechende Gestaltung des Gleitschuhs auch bei Verwendung niedrigviskoser Flüssigkeiten beträchtliche hydrodynamische, durch Verdrängungs- und Schleppströmung bewirkte Traganteile erzielt werden können, die wesentlich zum reibungs- und verschleißarmen Betrieb beitragen können.

### 4.2.8 Bestimmung der Druckverteilung unter dem Gleitschuh

Durch die in den Kapiteln 4.2.6 und 4.2.7 beschriebene Schrägstellung des Gleitschuhs und den bei Relativbewegung des Schuhs wirksamen Schleppströmungseffekt ergibt sich unter dem Gleitschuh eine Druckverteilung, die nicht mehr den in Bild 4.2 dargestellten rotationssymetrischen Verlauf aufweist. Einen voraussichtlich erheblichen Einfluß auf die Druckausbildung hat auch die durch den Einlaufvorgang hervorgerufene ballige Lauffläche des Gleitschuhs.

Infolge seiner Abmessungen wirkt auf den Dichtsteg am Gleitschuh des Typs II (Bild 4.9) ein wesentlicher Teil der hydrostatisch erzeugten Tragkraft. Während der Traganteil des in der Lagertasche wirkenden Druckes bei wechselnder Gleitschuhneigung konstant bleibt, ist der auf den Steg wirkende Anteil von der Druckverteilung im Spalt zwischen Gleitschuhlauffläche und Schrägscheibe abhängig, die sich mit der Neigung des Gleitschuhes ändert. Beim Gleitschuh des Typs I (Bild 4.9) liegt der hydrostatische Traganteil des Stegs deutlich niedriger. Auf den Steg entfallen aufgrund seiner geringen Fläche nur wenige Prozent der hydrostatischen Tragkraft (s.a. Bild 4.10).

Zur experimentellen Bestimmung des Druckverlaufes unter dem Steg des Gleitschuhs vom Typ II wurden zwei Gleitschuhe mit kombiniertem Trag-/Dichtsteg (q = 90 %) wie in **Bild 4.37** dargestellt präpariert und auf dem Modellprüfstand untersucht.

Jeder der Schuhe verfügt über drei auf einem radialen Strahl liegende Bohrungen im Dichtsteg (Bohrungsdurchmesser 0,3 mm), an die je ein handelsüblicher elektronischer Druckaufnehmer mittels einer kurzen Kapillare angeschlossen ist. Der Abstand der Bohrungen zum Gleitschuhzentrum ist bei beiden Schuhen unterschiedlich. Hierdurch ergeben sich unter Berücksichtigung des

Tascheninnendruckes, der dem Zylinderdruck gleichgesetzt werden kann, und des Umgebungsdruckes insgesamt 8 Meßpunkte für den lokalen Druck, die vom Zentrum des Gleitschuhs ausgehend auf einer radialen Linie über den Steg verlaufen.

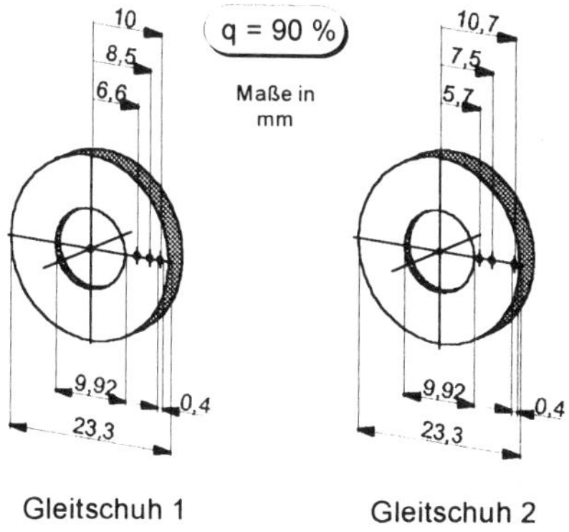


**Bild 4.37**: Gleitschuhe zur Messung der Druckverteilung im Spalt zur Laufscheibe

Im Versuch wird der jeweilige Schuh mittels einer Vorrichtung, die die axiale Bewegung und die Schrägstellung des Gleitschuhs nicht einschränkt, am Verdrehen um die Hochachse gehindert (**Bild 4.38**). Hierdurch ist die Lage der Druckmeßpunkte der rotierenden Laufscheibe fest zugeordnet.

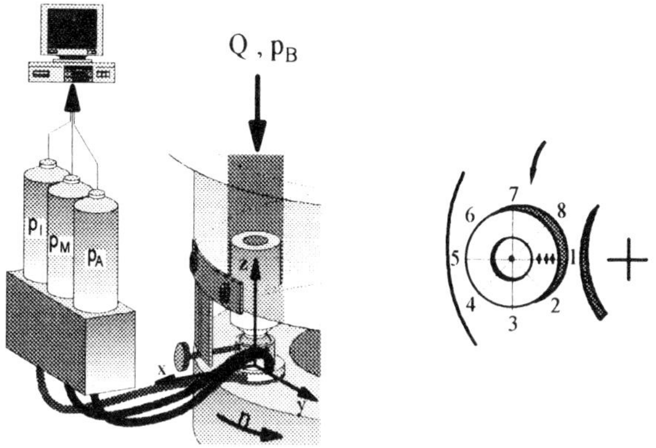


**Bild 4.38**: Einbauverhältnisse des Gleitschuhs zur Druckmessung unter dem Dichtsteg

Die Druckmessungen werden analog zu den bisher beschriebenen Reibungsmessungen mit langsam absinkender Drehzahl durchgeführt, so daß die Meßwerte im quasistationären Betrieb aufgenommen werden. Von Versuch zu Versuch werden die Gleitschuhe jeweils um 45 Grad zur

Hochachse verdreht, so daß aus den Einzelmessungen die Druckverteilung unter der Dichtfläche des Gleitschuhs zusammengesetzt werden kann, die aus einer Matrix von insgesamt 64 Meßpunkten besteht. Vor Durchführung der Druckmessungen wurden die Gleitschuhe einem Einlaufprogramm unterzogen.

**Bild 4.39** zeigt die ermittelten Druckverläufe für den in Bild 4.9 gezeigten, zu 90 Prozent hydrostatisch entlasteten Gleitschuh mit breitem Dichtsteg. Als Druckmedium wurde 3-prozentige HFA-Lösung eingesetzt.

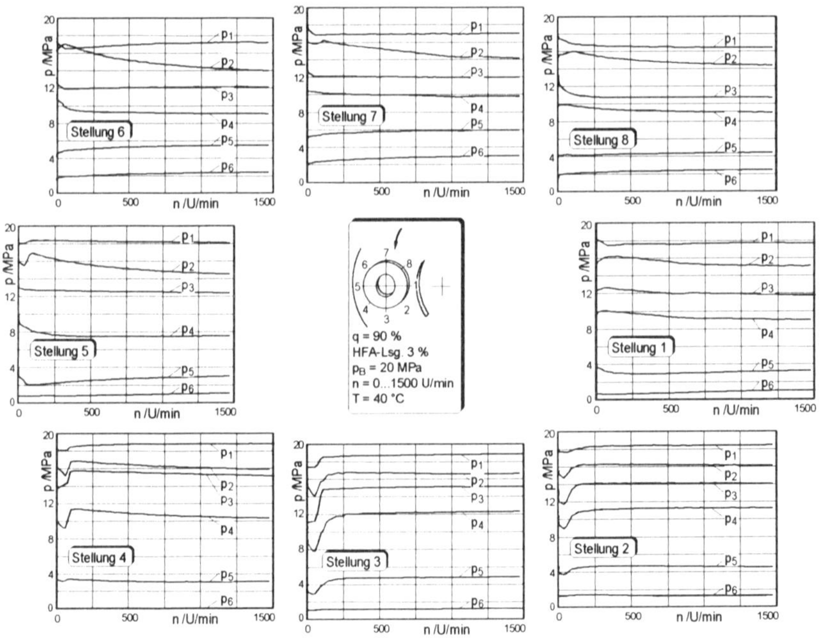


**Bild 4.39**: Druckverläufe in Abhängigkeit der Drehzahl bei 20 MPa Versorgungsdruck

Die Kurven geben die einzelnen Druckverläufe an den sechs Meßstellen innerhalb der Dichtfläche des Gleitschuhs wieder. Jedes der acht Diagramme bezieht sich auf Messungen auf dem jeweils gekennzeichneten, radial verlaufenden Strahl des Gleitschuhs. Die qualitativen Verläufe der Kurven lassen sich zunächst drei charakteristischen Gruppen zuordnen:

- **Stellung 6, 7 und 8, gegensinnige Richtung von Schlepp- und Taschenströmung:** Die äußeren Drücke $p_5$ und $p_6$ steigen mit der Drehzahl leicht an. Die übrigen Druckverläufe zeigen einen waagerechten bzw. abfallenden Verlauf.

- **Stellung 1 und 5, Schleppströmung rechtwinklig zur Taschenströmung:** In diesen Stellungen haben die Druckverläufe einen ähnlichen Verlauf wie in den angeströmten Bereichen 6, 7 und 8. Die Drücke im Randbereich des Gleitschuhs ($p_5$ und $p_6$) liegen gegenüber den angeströmten Bereichen deutlich niedriger.

- **Stellung 2, 3 und 4, gleiche Richtung von Schlepp- und Taschenströmung:** In diesem Bereich verlaufen die Drucklinien über einen großen Drehzahlbereich nahezu drehzahlunabhängig. Die in den anderen Stellungen teilweise feststellbaren Drucksprünge bei kleinen Gleitgeschwindigkeiten treten hier in besonderem Maße auf. Sie deuten auf eine Kippbewegung des Gleitschuhs hin. Bei Drehzahlen oberhalb von etwa 100 U/min ist gegenüber allen anderen Bereichen eine deutliche Überhöhung der Drücke $p_1$ bis $p_4$ feststellbar.

Zur anschaulicheren Darstellung der gemessenen Druckverläufe zeigen die **Bilder 4.40** bis **4.43** den auf einem Strahl des Gleitschuhs gemessenen Druckverlauf im Vergleich zum theoretischen Druckverlauf der hydrostatischen Entlastung bei konstanter Drehzahl (n = 1.500 U/min).

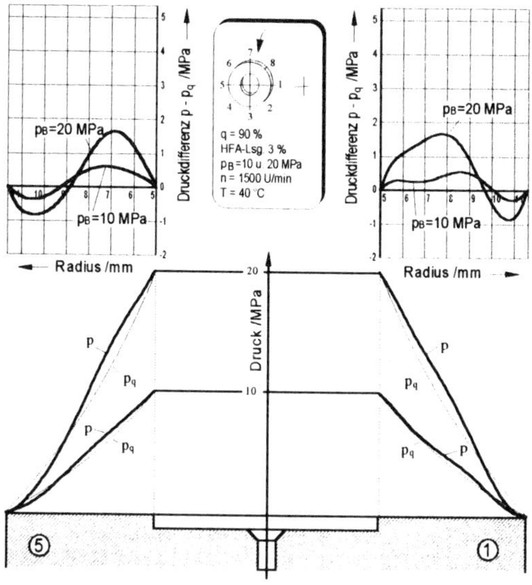


**Bild 4.40**: Druckverlauf auf einem radialen Strahl des Gleitschuhs (HFA-s 3%, n = 1.500 U/min)

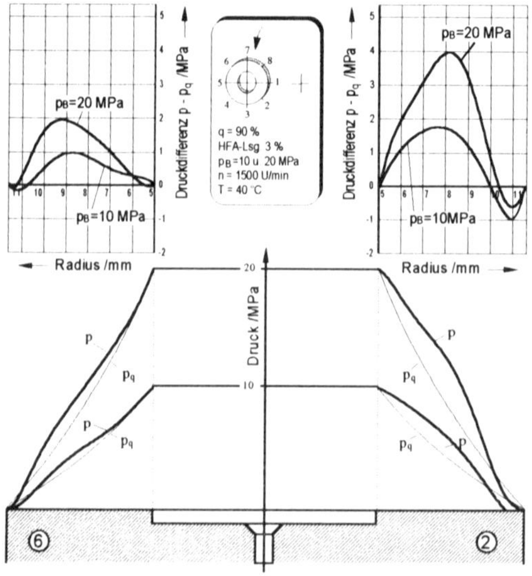


**Bild 4.41**: Druckverlauf auf einem radialen Strahl des Gleitschuhs (HFA-s 3%, n = 1.500 U/min)

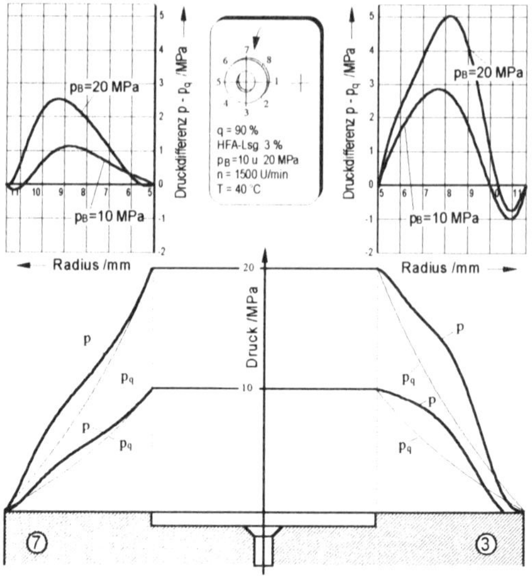


**Bild 4.42**: Druckverlauf auf einem radialen Strahl des Gleitschuhs (HFA-s 3%, n = 1.500 U/min)

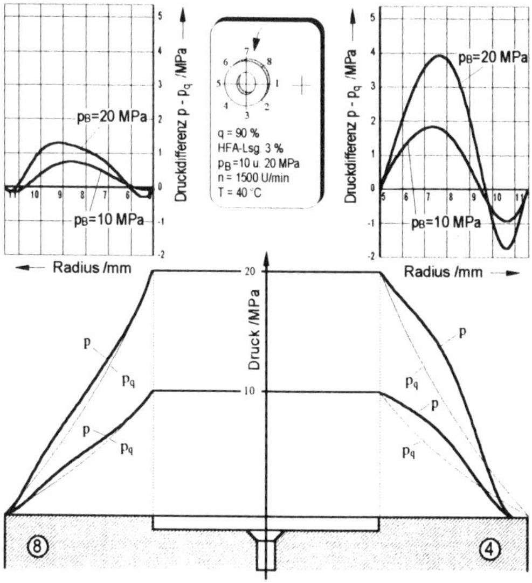


**Bild 4.43**: Druckverlauf auf einem radialen Strahl des Gleitschuhs (HFA-s 3%, n = 1.500 U/min)

Die jeweils oben links und rechts im Bild befindlichen Diagramme kennzeichnen die Differenz zwischen dem gemessenen und dem theoretischen, allein durch die hydrostatische Entlastung des Gleitschuhs bewirkten Druckverlauf und sind in **Bild 4.44** zusammengefaßt.

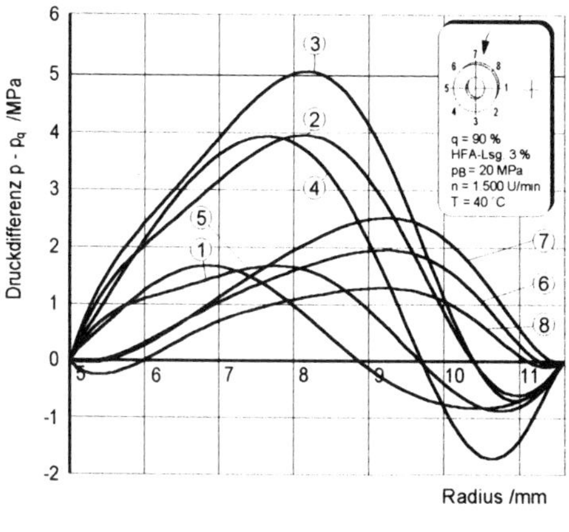


**Bild 4.44**: Differenz zwischen bei 1.500 U/min gemessenem und theoretischem hydrostatischem Druckverlauf (HFA-s 3%)

In den Stellungen 1 und 5 (Bild 4.40), d.h. auf den quer zur Bewegungsrichtung des Gleitschuhs befindlichen Stegen, weicht der gemessene Druck nur geringfügig vom berechneten rein hydrostatischen Druckverlauf ab. Im hinteren Bereich des Gleitschuhs (Stellungen 2, 3 und 4), bei dem die Taschenströmung und die Schleppströmung in gleicher Richtung verlaufen, stellt sich zum Zentrum des Gleitschuhs hin eine deutliche Druckerhöhung ein. Am äußeren Rand des Gleitschuhs hingegen fällt der Druck merklich ab und liegt unterhalb des theoretischen hydrostatischen Druckes. Wie die Bilder 4.41 bis 4.43 zeigen, stellt sich in diesem Bereich ein Absolutdruck ein, der Kavitation am äußeren Gleitschuhrand zur Folge haben könnte. Erosive Spuren am Gleitschuhrand konnten jedoch nicht festgestellt werden.. Im vorderen Anströmbereich des Gleitschuhs - hier weisen die Taschenströmung und die Schleppströmung entgegengesetzte Richtungen auf - wird durch die Schleppströmung ein Druckanstieg bewirkt.

Die Isobaren auf dem Dichtsteg sind in **Bild 4.45** dargestellt und veranschaulichen den Druckverlauf unter dem Gleitschuh. Insbesondere wird deutlich, daß die Druckverteilung zur Bewegungsrichtung des Gleitschuhs symmetrisch ist.

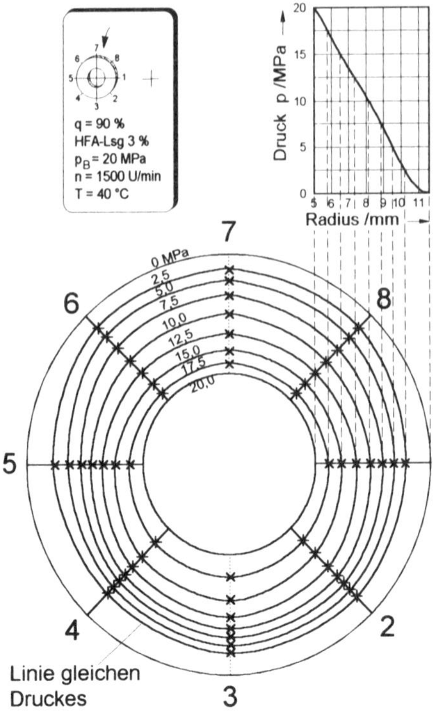


**Bild 4.45**: Isobaren auf dem Dichtsteg bei p = 20 MPa und n = 1.500 U/min (HFA-s 3%)

Im Stillstand der Anordnung (n = 0) ergeben sich die in **Bild 4.46** dargestellten Differenzen zwischen dem gemessenen Druck und dem berechneten hydrostatischen Druck durch die Taschenströmung.

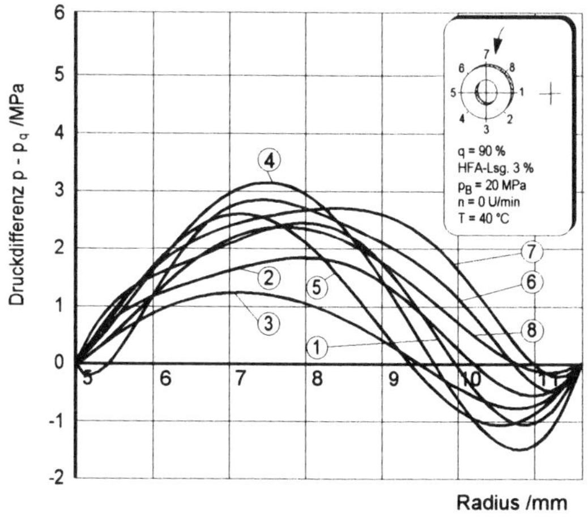


**Bild 4.46**: Differenz zwischen im Stillstand gemessenem und theoretischem hydrostatischem Druckverlauf (p = 20 MPa, n = 0, HFA-s 3%)

Charakteristisch für die Abweichung des gemessenen Druckverlaufes vom theoretischen Verlauf ist die Drucküberhöhung zur Mitte des Dichtsteges hin. In der Nähe des äußeren Gleitschuhrandes hingegen liegt der gemessene Druck unterhalb des theoretisch zu erwartenden Druckes.

**Bild 4.47** zeigt den durch Simulation ermittelten Spaltverlauf, der einen Druckverlauf gemäß Bild 4.46 (arithmetisches Mittel der einzelnen Kurven) zur Folge hat. Das dabei eingesetzte Programm ermöglicht die Berechnung des mit einem Druckverlauf korrespondierenden Spaltverlaufes. Neben der Druckverteilung wurden die Viskosität der Flüssigkeit, die Spaltlänge und die mittlere Spalthöhe, die aus der gemessenen Leckage ermittelt wurde, vorgegeben.

Wie das Simulationsergebnis zeigt, reicht eine Verformung der Gleitschuhlauffläche im µm-Bereich aus, um zu einer vom theoretischen Druckprofil deutlich abweichenden Druckverteilung zu führen. Die Verformung wird durch die hohe Kraftdichte am Gleitschuh hervorgerufen. Während die Kontur der Lauffläche zum Außendurchmesser hin weitgehend erhalten bleibt (s.a. Bild 4.14), wölbt sich der Dichtsteg zum Zentrum des Gleitschuhs hin nach oben. Hieraus ergibt sich eine Drucküberhöhung im Bereich des Innendurchmessers des Dichtsteges, der insgesamt zu einer Vollentlastung des Gleitschuhs führt (s.a. Reibungsmessungen in den vorangegangenen Unterkapiteln).

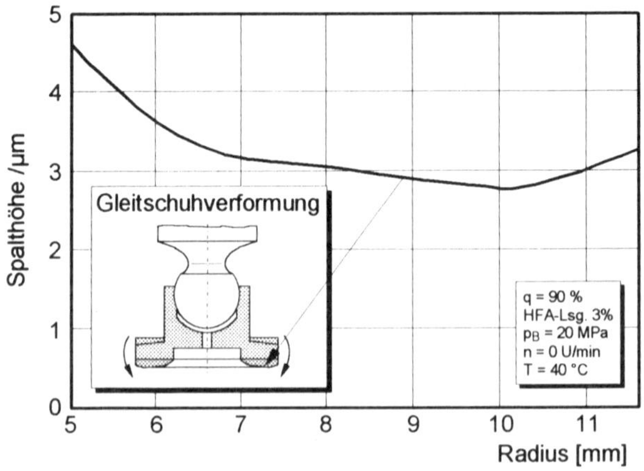


**Bild 4.47**: Mit der Druckverteilung in Bild 4.46 korrespondierender Spaltverlauf bei stillstehendem Gleitschuh (Simulationsergebnis)

**Bild 4.48** zeigt den auf analoge Weise für eine Drehzahl von 1.500 U/min ermittelten Spaltverlauf für den in Anströmungsrichtung vorderen (links) und hinteren (rechts) Strahl des Gleitschuhs. Der zugehörige Druckverlauf auf den Strahlen 7 und 3 ist in Bild 4.44 dargestellt. Es kann festgestellt werden, daß der Gleitschuh bei gleichbleibender Laufflächenkontur durch die einwirkende Schleppströmung eine geneigte Stellung einnimmt.

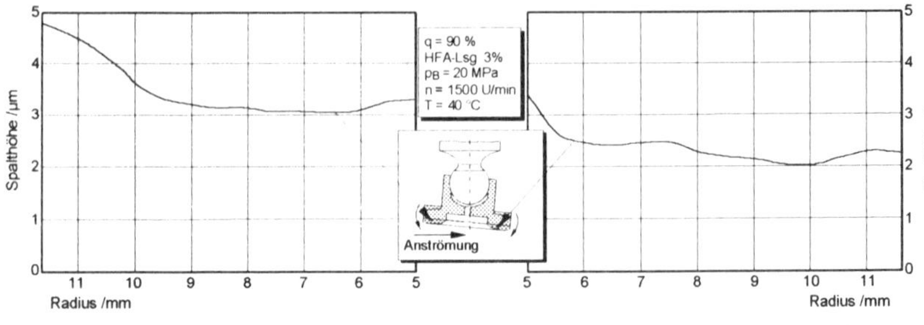


**Bild 4.48**: Simulierter Spaltverlauf des hydrostatisch entlasteten Gleitschuhs bei n = 1500 U/min

Beim Betrieb mit HLP 32 können qualitativ ähnliche Abweichungen vom theoretischen Druckverlauf festgestellt werden, wie sie bei HFA gemessen wurden. **Bild 4.49** zeigt diese Abweichungen für eine Drehzahl von 1.500 U/min. Ähnlich wie beim Betrieb mit HFA-s 3% ist eine Drucküberhöhung zum Zentrum des Gleitschuhs hin zu verzeichnen. Diese ist besonders in den hinteren Stellungen 2, 3 und 4 stark ausgeprägt. In diesen Stellungen ist außerdem ein starker Druckabfall zum Außenrand des Gleitschuhs hin zu verzeichnen.

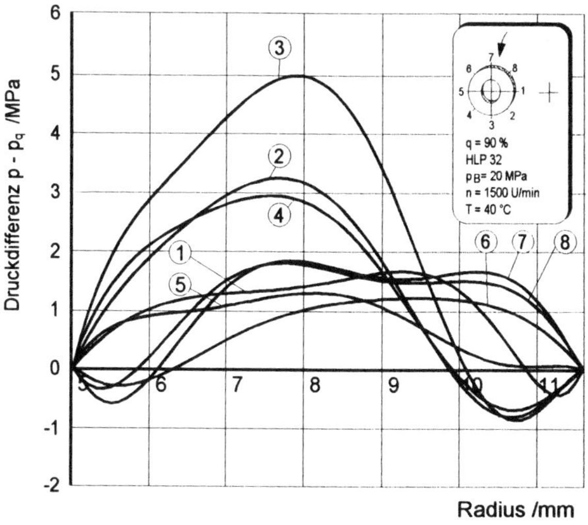


**Bild 4.49**: Differenz zwischen bei 1.500 U/min gemessenem und theoretischem hydrostatischem Druckverlauf (HLP 32)

**Bild 4.50** zeigt den Vergleich zwischen gemessenem und simuliertem Druckverlauf bei geneigtem Gleitschuh. Der Simulation wurde die Geometrie des eingelaufenen Gleitschuhs (s.a. Kapitel 4.2.2) zugrunde gelegt. Der Druckabfall zum äußeren Rand im in Laufrichtung gesehen hinteren Bereich des Gleitschuhs ist in den Darstellungen deutlich zu erkennen. Messung und Simulation stimmen in dieser Hinsicht gut überein.

Abweichungen zwischen Simulation und Messung ergeben sich auf dem Steg zum Zentrum des Gleitschuhs hin. In den Diagrammen ist dieser Unterschied beispielsweise im hinteren Bereich des Gleitschuhs (Strahl 3) besonders gut sichtbar. Während der simulierte Druckabfall über den Steg auf dem Strahl 3 nahezu linear erfolgt, zeigt der gemessene Druck einen bauchigen Verlauf mit höheren Drücken zur Mitte des Steges hin. Wie bereits erwähnt kann diese Drucküberhöhung nur durch eine Verformung des Gleitschuhs unter Last hervorgerufen werden.

Insgesamt gesehen decken sich die Ergebnisse der Druckmessung unter dem Dichtsteg des Gleitschuhs weitgehend mit den aus der Überlagerung hydrodynamischer und hydrostatischer Druckanteile theoretisch zu erwartenden Druckverläufen. Die Messungen weisen nach, daß der Gleitgungsrichtung des Gleitschuhs gesehen hinteren Bereich des Dichtsteges führt. Wie die Spalthöhen- und Reibwertmessungen belegen, kann durch Schleppströmung im Betrieb mit höheren Drehzahlen eine Vollentlastung des Gleitschuhs erreicht werden.

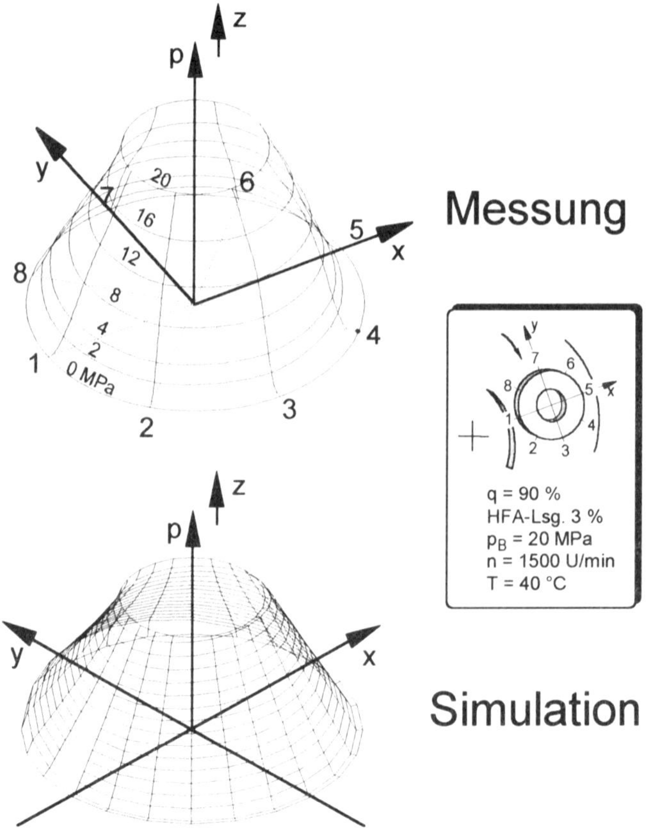


**Bild 4.50**: Vergleich zwischen gemessenem und simuliertem Druckverlauf

## 5 Untersuchungen am tribologischen System „Kolben/Zylinder“

Die bisherigen Ausführungen behandelten die Verlustanteile der Gleitlagerstelle Gleitschuh/Schrägscheibe, bei der die Lagerbauteile im stationären Betrieb einen kontinuierlichen, von einer annähernd gleichbleibenden Geschwindigkeit geprägten Bewegungsablauf aufweisen. Dies begünstigt das Entstehen hydrodynamischer Druckanteile zwischen den Bauteilen durch Schleppströmung. Am durch Querkraftbelastung verkanteten Tribosystem Kolben/Zylinder hingegen oszilliert der Kolben mit sinusförmigem Geschwindigkeitsverlauf im Zylinder. Durch die ständig wechselnde Momentangeschwindigkeit mit Bewegungsumkehr des Kolbens wird die Ausbildung hydrodynamischer Druckkräfte, die die Reibpaarung entlasten, stark beeinflußt. In den Umkehrpunkten des Kolbens ist keine Schleppströmung vorhanden. Kontakt der Bauteile kann in diesen Punkten somit nur durch die Druckverteilung am Kolben oder durch Wärmekeil- bzw. Verdrängungsströmung vermieden werden.

Wie die Untersuchungen von Rinck /R3/ ergeben haben, stellt die Kolben/Zylinderpaarung in verschleißtechnischer Hinsicht ein relativ unproblematisches Tribosystem dar. Der Druckabbau vom Zylinderraum zum Gehäuse erfolgt über einen verhältnismäßig langen Spalt, so daß auch bei lokaler verschleißbedingter Aufweitung kein übermäßiger Leckageanstieg auftritt. Durch den niedrigen Druckgradienten werden die Strömungsgeschwindigkeiten klein gehalten, wodurch die Empfindlichkeit gegenüber Feststoffverschmutzung im Gegensatz zum hydrostatisch entlasteten Gleitschuh, der über kurze, enge Spalte verfügt, deutlich geringer ist.

Während die Leckage durch den Spalt zwischen Kolben und Zylinder bei bekannten Spaltabmessungen und Kolbengeschwindigkeiten einfach und hinreichend genau mittels der Hagen-Poiseuille'schen Gleichung abgeschätzt werden kann, empfiehlt sich zur genauen Bestimmung der Reibverluste die experimentelle Vorgehensweise. Hinreichend komplexe Modelle zur Simulation von Reibung und Leckage am System Kolben/Zylinder konnten erst in den letzten Jahren dank fortschreitender Entwicklung der Mikroprozessortechnologie mit ihrer exponentiell steigenden Rechenkapazität entwickelt und angewendet werden. Allerdings basiert die Rechnung auch bei diesen Modellen auf Annahmen bezüglich der Reibwerte, die experimentell bestimmt werden müssen /K1/.

Die im folgenden vorgestellten Versuchsergebnisse entstammen Messungen an einem Modell, bei dem die Betriebsverhältnisse der Kolben/Zylinder-Paarung in Axialkolbenmaschinen weitgehend nachempfunden wurden. Messungen mit ähnlicher Zielsetzung wurden bereits von verschiedenen Autoren durchgeführt, als Zwischenstoff wurden dabei jedoch ausschließlich Flüssigkeiten auf Mineralölbasis eingesetzt /R1, R2/.

## 5.1 Grundlegende Überlegungen zu Bewegungen und Kräften

Im Motorbetrieb trägt jeder einzelne Kolben während der Hochdruckphase zur Erzeugung des Drehmomentes bei, bei Pumpen muß das Drehmoment zur Verdichtung des Druckmediums aufgebracht werden. Vernachlässigt man zunächst sämtliche Reibungsverluste, so ist das theoretisch aufzubringende bzw. erzeugte Drehmoment eines Kolbens bei festen geometrischen Daten der Schrägscheibenmaschine und konstantem Betriebsdruck nur von der Winkelstellung $\varphi$ der Kolbentrommel abhängig (**Bild 5.1**). Während der Drehung der Kolbentrommel ändert sich der wirksame Hebelarm $l_{(\varphi)}$.

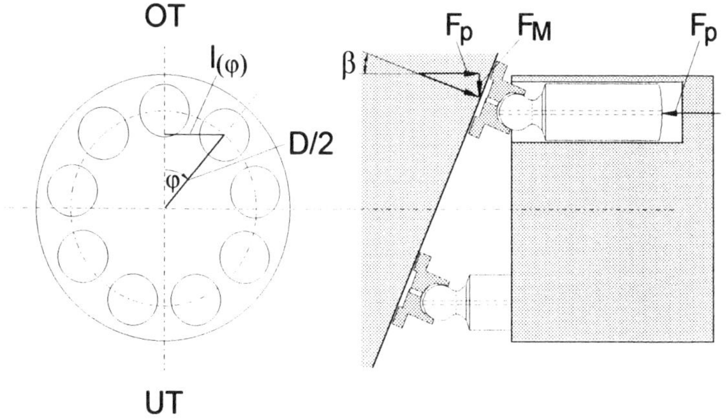


**Bild 5.1**: Entstehung des Drehmoments einer Schrägscheibenmaschine

Unter Bezug auf Bild 5.1 errechnet sich der wirksame Hebelarm zu:

$$l_{(\varphi)} = \frac{D}{2} \cdot \sin\varphi \,. \qquad \text{Gl. 5.1}$$

Als bei der Momentenübertragung wirksame Kraft ist unter Vernachlässigung jeglicher Reibung

$$F_M = F_p \cdot \tan\beta = \frac{\pi}{4} d^2 \cdot p \cdot \tan\beta \qquad \text{Gl. 5.2}$$

einzusetzen.

Das theoretische An- bzw. Abtriebsmoment *eines* Kolbens errechnet sich somit zu:

$$M_{th,1K(\varphi)} = F_M \cdot l_{(\varphi)} = \frac{\pi}{4} d^2 \cdot p \cdot \tan\beta \cdot \frac{D}{2} \cdot \sin\varphi \,. \qquad \text{Gl. 5.3}$$

Durch Reibungsverluste zwischen Kolben und Zylinder wird das auf die An- bzw. Abtriebswelle reduzierte Moment um den Betrag

$$M_{RK(\varphi)} = F_{RK(\varphi)} \cdot \tan\beta \cdot \frac{D}{2} \cdot \sin\varphi \qquad \text{Gl. 5.4}$$

verkleinert.

$F_{RK(\varphi)}$ setzt sich zusammen aus einem Flüssigkeitsreibungsanteil $F_{RKF(\varphi)}$ sowie den Mischreibungskräften $F_{RKA(\varphi)}$ und $F_{RKB(\varphi)}$, die durch die über das Gleitschuhgelenk in den Kolben eingeleitete Querkraft entstehen. Dabei soll für die unmittelbar folgenden Ausführungen zunächst wiederum vereinfachend angenommen werden, daß die Querkräfte am Kolben rein von der auf den Kolben wirkenden Druckkraft bestimmt werden, Massenkräfte der Kolben/Gleitschuh-Einheit sowie die Reibung im Kugelgelenk des Kolbens aber keinen Einfluß hierauf nehmen.

Unter Bezug auf **Bild 5.2**, das die an den Kolben angreifenden Kräfte vereinfacht wiedergibt, errechnet sich die gesamte Reibkraft zu:

$$F_{RK(\varphi)} = F_{RKA(\varphi)} + F_{RKB(\varphi)} + F_{RKF(\varphi)} \,. \qquad \text{Gl. 5.5}$$

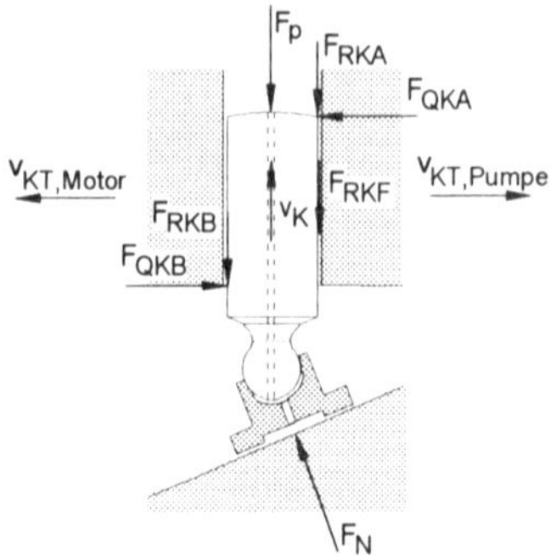


**Bild 5.2**: An den Kolben angreifende Kräfte (vereinfacht)

Wie die experimentellen Untersuchungen noch zeigen werden, ist die Kolbenreibung in starkem Maße von der aus der Druckbeaufschlagung des Kolbens resultierenden Querkraft und der Bewegungsrichtung und -geschwindigkeit des Kolbens abhängig.

**Bild 5.3** veranschaulicht den Druckverlauf im Spalt zwischen Kolben und Zylinder bei verkanteter Lage des Kolbens. Durch die Verkantung des Kolbens stellen sich teilweise Keilspalte ein, die bei Kolbenbewegung zu einer Entlastung des Kontaktes zwischen Kolben und Zylinder führen. Diese Entlastung ist von der Bewegungsrichtung des Kolbens abhängig, weshalb zwischen Pumpen- und

Motorenbetrieb des Kolbens unterschieden werden muß. Insbesondere bei bewegtem Kolben erweist sich die rechnerische Ermittlung der einzelnen Reibkraftanteile trotz der getroffenen Vereinfachungen als äußerst schwierig. Die Lage der tatsächlichen Kraftangriffspunkte innerhalb der Kolbenführung kann nur angenommen werden, weiterhin sind die lokalen Reibwerte stark von den Schmierungsverhältnissen, den wahren Kontaktflächen und der Relativgeschwindigkeit der Bauteile abhängig. Die rechnerische Ermittlung der Reibkraftanteile ist somit nur mit Hilfe numerischer Verfahren in aufwendigen Simulationen möglich.

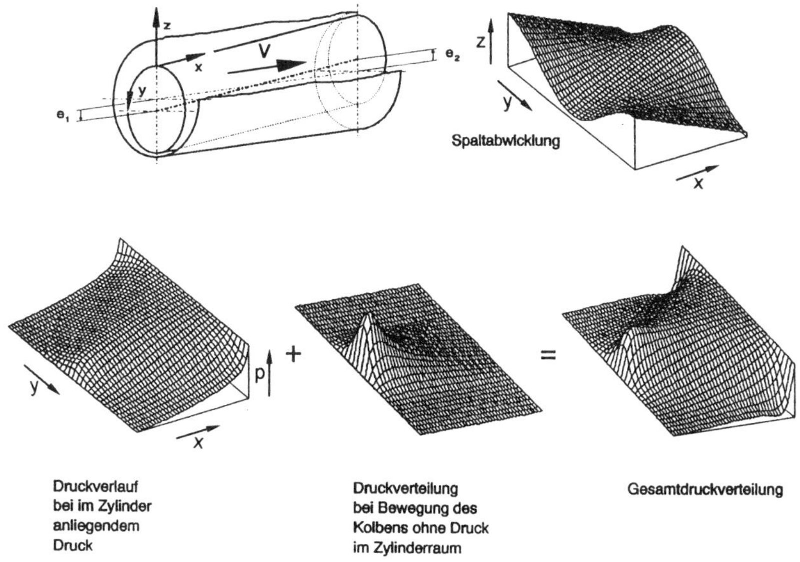


**Bild 5.3**: Druckverlauf im Spalt zwischen Kolben und Zylinder bei geneigt in der Zylinderbohrung liegendem Kolben in qualitativer Darstellung /R3/

Für die Praxis von Interesse ist die Summe aller am Kolben angreifenden Reibungskräfte, die von der Geometrie der Bauteile, dem Bewegungs- und Belastungszyklus und der eingesetzten Werkstoffpaarung beeinflußt wird und experimentell bestimmt werden kann. Sie ist Gegenstand der praktischen Untersuchungen, deren Ergebnisse in Kapitel 5.2 ausführlich beschrieben werden.

Zur Entwicklung einer geeigneten Versuchsanordnung, in der die wichtigsten Einflüsse berücksichtigt werden, werden in den folgenden Unterkapiteln noch die Auswirkungen der zusätzlichen Kolbenbelastung durch Massenkräfte und Reibung im Verbindungsgelenk zwischen Gleitschuh und Kolben innerhalb der untersuchten Betriebsbereiche erläutert und - wo möglich - abgeschätzt.

### 5.1.1 Einfluß der Massenkräfte von Kolben und Gleitschuh

Die Massenkräfte an Kolben und Gleitschuh entstehen auf zweierlei Arten. Zum einen wirkt bei drehender Kolbentrommel eine radiale Fliehkraft auf die Kolben/Gleitschuh-Elemente. Zum anderen führen die translatorischen Trägheitskräfte der Kolben/Gleitschuh-Einheit beim Beschleunigen und Abbremsen der Masse dazu, daß sich die Normalkraft am geneigten Gleitschuh und damit die Führungskräfte am Kolben ändern. Der zweitgenannte Einfluß kann jedoch von vornherein vernachlässigt werden, da er durch die Kraftumlenkung an der Schrägscheibe stark abgeschwächt wird.

Bei Rotation der Kolbentrommel wird die aus der Druckbeaufschlagung resultierende Belastung des Kolbens durch Fliehkräfte überlagert. Die Fliehkraft greift im Schwerpunkt der Einheit Kolben/Gleitschuh an und zeigt von der Drehachse der Trommel weg (**Bild 5.4**). Rechts im Bild ist darüber hinaus die Belastung der Kolbenführung durch die Druckbeaufschlagung des Kolbens dargestellt.

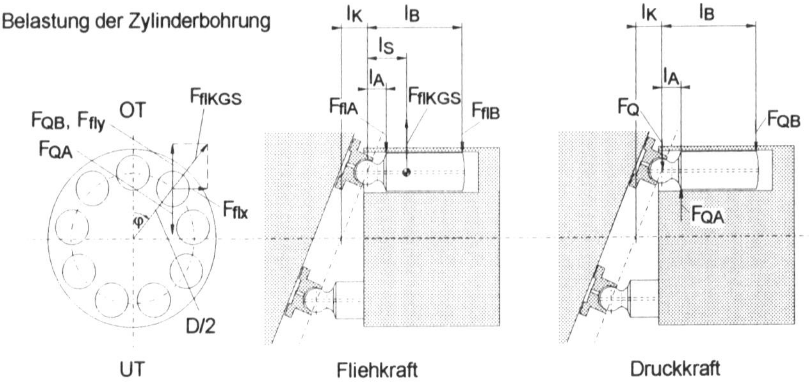


**Bild 5.4**: Belastung der Kolbenführung durch die Flieh- und Druckkräfte des Systems Kolben/Gleitschuh

Die Fliehkraft berechnet sich unter Bezug auf Bild 5.4 zu:

$$F_{Fl,KGS} = m_{KGS} \cdot \omega^2 \cdot D/2 \,. \qquad \text{Gl. 5.6}$$

Unter der vereinfachenden Annahme, daß die Kräfte am oberen und unteren Ende der Kolbenführung aufgenommen werden, führt dies für den Fall, daß der Schwerpunkt der Kolben/Zylinder-Einheit in jeder Drehstellung $\varphi$ innerhalb der Zylinderbohrung liegt ($l_S > 2l_K$) zu einer theoretischen Belastung der Kontaktstellen von:

$$F_{Fl,A} = F_{Fl}\left(\frac{l_B - l_S}{l_B - l_A}\right) \quad \text{Gl. 5.7}$$

$$F_{Fl,B} = F_{Fl}\left(\frac{l_S - l_A}{l_B - l_A}\right). \quad \text{Gl. 5.8}$$

Zur Zerlegung dieser Kräfte in Komponenten ist jeweils

$$F_{Fl,KGSx} = m_{KGS} \cdot \omega^2 \cdot D/2 \cdot \sin\varphi \quad \text{Gl. 5.9}$$

$$F_{Fl,KGSy} = m_{KGS} \cdot \omega^2 \cdot D/2 \cdot \cos\varphi. \quad \text{Gl. 5.10}$$

einzusetzen.

Unter der Annahme, daß die über den Gleitschuh eingeleitete Querkraft am oberen und unteren Ende der Kolbenführung abgestützt wird, resultiert die Belastung der Kolbenführung zu:

$$F_{Q,A} = F_Q\left(\frac{l_B}{l_B - l_A}\right) \quad \text{Gl. 5.11}$$

$$F_{Q,B} = F_Q\left(\frac{l_A}{l_B - l_A}\right), \quad \text{Gl. 5.12}$$

wobei $F_Q$ sich zu:

$$F_Q = \tan\beta \cdot \frac{\pi}{4} \cdot d_K^2 \cdot p \quad \text{Gl. 5.13}$$

berechnet und wie in Bild 5.4 dargestellt in Richtung der y-Achse wirkt.

Während einer Umdrehung der Kolbentrommel ist bezüglich der Überdeckungsverhältnisse zwischen Kolben und Zylinderbohrung nach zwei Fällen zu unterscheiden. Ausgehend vom OT ist die gesamte Mantelfläche des Kolbens zunächst innerhalb des Winkelbereiches $0 < \varphi < \varphi_I$ vollständig in den Zylinder eingetaucht. Im Bereich $\varphi_I < \varphi < \varphi_{II}$ befindet sich die Mantelfläche des Kolbens nur noch teilweise mit der Zylinderbohrung in Überdeckung. Bei Weiterdrehung der Trommel über den UT fährt der Kolben wieder in den Zylinder ein, wobei die Mantelfläche des Kolbens ab $\varphi_{II} < \varphi < 360°$ wieder vollständig in den Zylinder eintaucht.

In den Winkelbereichen $0 < \varphi < \varphi_I$ und $\varphi_{II} < \varphi < 360°$ gilt somit für die in Bild 5.4 gezeigten Hebelarme:

$$l_{A(\varphi)} = l_{A0} = \text{const}, \quad \text{Gl. 5.14}$$

$$l_{B(\varphi)} = l_{B0} = \text{const}. \quad \text{Gl. 5.15}$$

Im Bereich $\varphi_I < \varphi < \varphi_{II}$ gilt:

$$l_{A(\varphi)} = l_{A0} + (1 - \cos\varphi) \cdot \frac{D}{2} \cdot \tan\beta - h_{(\varphi_w)},$$ Gl. 5.16

mit:

$$h_{(\varphi_w)} = (1 - \cos\varphi_w) \cdot \frac{D}{2} \cdot \tan\beta,$$ Gl. 5.17

welches dem von OT ausgehend vollführten Hub des Kolbens in dem Punkt entspricht, in dem die Kolbenkante A gerade mit dem Ende der Zylinderbohrung in Überdeckung steht. Für $\varphi_w$ kann $\varphi_I$ oder $\varphi_{II}$ eingesetzt werden.

$\varphi_w$ berechnet sich zu:

$$\varphi_w = \arccos\left((l_K - l_{A0}) \cdot \frac{D}{2} \cdot \tan\beta\right).$$ Gl. 5.18

Aus Gl. 5.16 und Gl. 5.17 folgt:

$$l_{A(\varphi)} = l_{A0} + (\cos\varphi_w - \cos\varphi) \cdot \frac{D}{2} \cdot \tan\beta.$$ Gl. 5.19

**Bild 5.5** zeigt die für die untersuchte Verdrängereinheit auf die beschriebene Weise berechneten Belastungen der Kolbenführung der exemplarisch untersuchten Axialkolbenmaschine für eine Drehzahl von 1.500 U/min bzw. einen Betriebsdruck von 25 MPa.

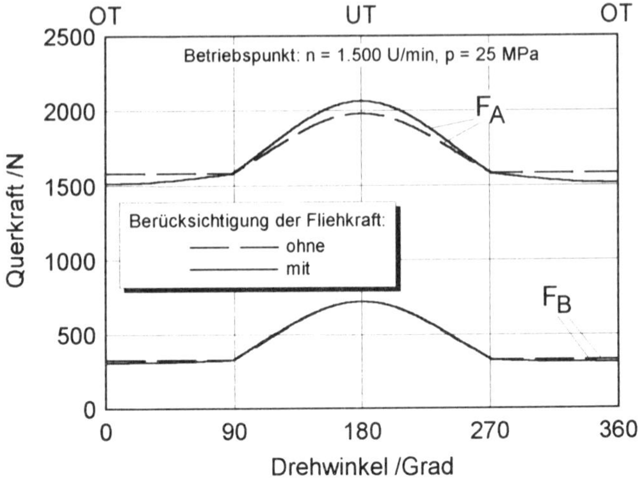


**Bild 5.5**: Belastung der Kolbenführung durch die auf den Kolben wirkende Druckkraft und Fliehkräfte des Systems Kolben/Gleitschuh

Wie die Darstellung veranschaulicht, wird die Belastung der Zylinderbohrung im vorliegenden Fall hauptsächlich durch die Druckkraft geprägt. Der Großteil der Last wird im unteren Bereich A der Führung aufgenommen. Gerade bei hohem Betriebsdruck sind die Fliehkräfte von untergeordneter Bedeutung und führen lediglich zu einer geringfügigen zusätzlichen Be- bzw. Entlastung der angenommenen Kontakte zwischen Kolben und Zylinder. In der Nähe des OT führt die wirkende Fliehkraft tendenziell zu einer Entlastung des Kontaktes im Bereich A der Führung, während die abzustützende Kraft an dieser Stelle der Kolben/Zylinder-Paarung in der Nähe des UT durch die Fliehkraft vergrößert wird. Der beschriebene Effekt wirkt am oberen Kolbenende B genau umgekehrt, insgesamt ist der Bereich B gegenüber A deutlich niedriger belastet.

Denkbar sind auch Betriebszustände, in denen die Fliehkräfte eine erhebliche Belastung für die Reibpaarung Kolben/Zylinder darstellen. Dies ist beispielsweise dann der Fall, wenn eine Schrägscheibenmaschine bei hoher Drehzahl und nahezu drucklosem Betrieb auf sehr geringe Schwenkwinkel zurückgestellt wird. In diesem Betriebszustand wird der Kolben/Zylinder-Kontakt infolge niedriger Kolbengeschwindigkeiten in nur geringem Maße über hydrodynamische Effekte entlastet. Wenn am Spalt zwischen Kolben und Zylinder nur eine geringe Druckdifferenz anliegt und der Kolben auch nur einen kleinen Hub vollführt, ist der Flüssigkeitsaustausch im Spalt gering. Durch die Flüssigkeitsscherung, insbesondere aber durch Mischreibungsanteile infolge der Fliehkräfte entsteht im Spalt Reibungswärme, die nur durch Konvektion abgeführt werden kann. Hierdurch kann es nach einer gewissen Zeit zu einer thermischen Überlastung des Tribosystems kommen. Im Rahmen der durchgeführten Untersuchungen wurde dieser Betriebszustand jedoch nicht näher betrachtet.

### 5.1.2 Einfluß der Reibung im Gelenk zwischen Kolben und Gleitschuh

Im Hinblick auf das Reibverhalten des stark verkanteten Systems Kolben/Zylinder erweist sich die Einflußnahme durch die Reibung am Kugelgelenk zwischen Kolben und Zylinder als nur schwer abschätzbar. Geht man davon aus, daß dieses Kugelgelenk in hohem Maße hydrostatisch entlastet ist, d.h. über das Gelenk nur wenig Reibkräfte übertragen werden, so kann angenommen werden, daß der Kolben ohne relative Drehung zur Zylinderbohrung in dieser oszilliert.

Nach der Theorie des hydrodynamischen Lagers /V1/ ist für das Radialgleitlager als hydrodynamisch wirksame Winkelgeschwindigkeit:

$$\omega_{hydr} = \omega_K + \omega_{KT} - 2\omega_L , \qquad \text{Gl. 5.20}$$

einzusetzen, wenn die Drehrichtungen der einzelnen Winkelgeschwindigkeiten des Kolbens ($\omega_K$), der Kolbentrommel ($\omega_{KT}$) bzw. der von außen angreifenden Last bzw. Querkraft ($\omega_L$) wie in **Bild 5.6** dargestellt angenommen werden. Eine höchstmögliche Tragfähigkeit wird bei maximalem

$\omega_{hydr}$ erreicht. Da die Querkraft einer Schrägscheibenmaschine nicht umläuft, vereinfacht sich Gleichung 5.20 zu:

$$\omega_{hydr} = \omega_K + \omega_{KT}, \qquad \text{Gl. 5.21}$$

wobei im vorliegenden Fall $\omega_{KT}$ der Antriebswinkelgeschwindigkeit $\omega_{An}$ entspricht.

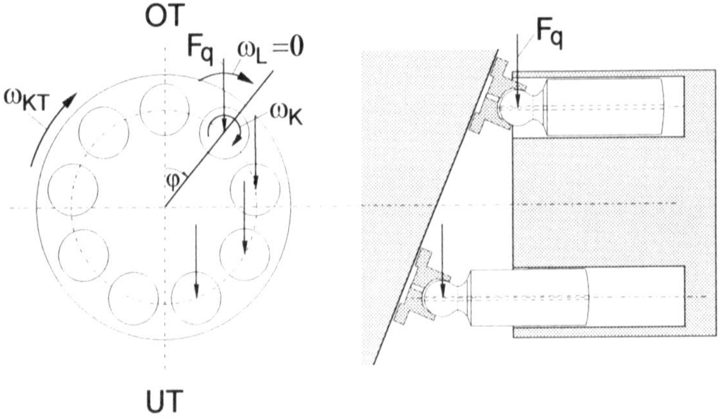


**Bild 5.6**: Winkelgeschwindigkeiten von Kolbentrommel, Kolben und angreifender Querkraft

Im Betrieb einer Schrägscheibenmaschine kann der Kolben höchstens mit Zylinderdrehzahl rotieren. In diesem Fall erreicht $\omega_{hydr}$ den maximalen Wert von 2 $\omega_{An}$, der Kolben vollführt keine Drehung relativ zur Zylinderbohrung.

Wie bereits in Kapitel 4.1.2 ausgeführt, wird in der Literatur der Standpunkt vertreten, daß das in der Regel hydrostatisch teilentlastete Kugelgelenk zwischen Gleitschuh und Kolben bei niedrigen Verdrängerdrehzahlen ohne rotatorischen Freiheitsgrad zu betrachten ist /B7/. Für diesen Fall ist dann davon auszugehen, daß dem Kolben über den Gleitschuh eine Drehzahl relativ zur Zylinderbohrung aufgezwungen wird, die der Wellendrehzahl des Aggregats entspricht. In diesem Fall entspricht $\omega_{hydr}$ der Antriebswinkelgeschwindigkeit $\omega_{An}$. Allerdings ist dieser Effekt gerade bei niedrigen Drehzahlen von untergeordneter Bedeutung für die Höhe der Reibung des zusätzlich translatorisch bewegten Kolbens.

Im Fall der HFA-Schmierung ist davon auszugehen, daß gerade bei hohen Betriebsdrücken die innerhalb der Kolbenführung aufzunehmende Last so hoch ist, daß hydrodynamische Effekte durch Kolbenrotation von untergeordneter Bedeutung sind. Überschlägige Berechnungen am Beispiel eines Radialgleitlagers mit den Abmessungen der untersuchten Kolben/Zylinder-Paarungen zeigen, daß bei HFA-Schmierung nur sehr geringe Lagerlasten hydrodynamisch getragen werden können. Der Einfluß der Kolbenrotation wird daher bei den folgenden Ausführungen nicht berücksichtigt.

## 5.2 Reibungs- und Leckageverhalten des Systems „Kolben/Zylinder“

### 5.2.1 Versuchsanordnung

Zur Untersuchung der Reibungsverluste an einem zylindrischen Kolben, der unter Querkraft in einer eng gepaßten Bohrung gleitet, wurde der in **Bild 5.7** schematisch dargestellte Prüfstand aufgebaut.

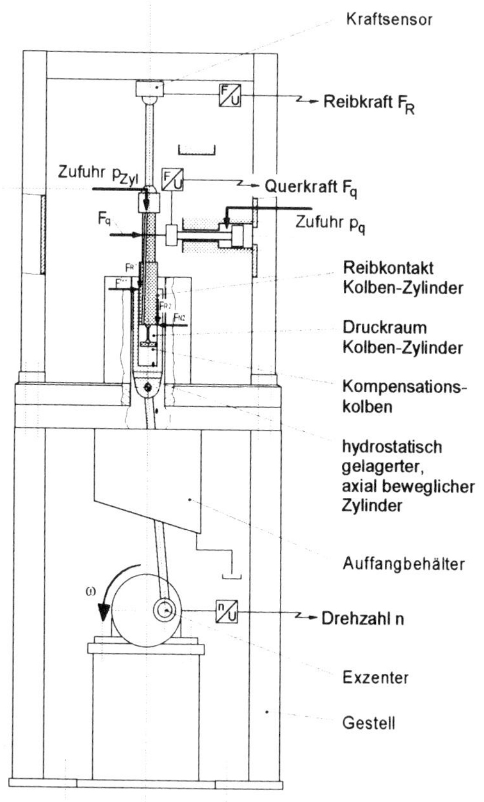


**Bild 5.7**: Schematische Darstellung des Kolben/Zylinder-Prüfstandes

**Bild 5.8** zeigt ein Foto der Versuchsanordnung.

Kernstück der Modellanordnung ist die in der Mitte des Bildes 5.7 dargestellte Kolben/Zylinder-Paarung. Der Zylinder ist als Buchse ausgeführt, die in eine axial bewegliche Hülse eingesetzt ist. Der Modellkolben, der sich über eine gelenkig gelagerte Stange an einer am Rahmen befestigten Kraftmeßdose abstützt, taucht in die Buchse ein und wird von außen mit einer Querkraft beaufschlagt. Bei translatorischer Bewegung der Hülse können so die in axialer Richtung des Kolbens auftretenden Kräfte gemessen werden.

**Bild 5.8**: Kolben/Zylinder-Prüfstand

Im Modell wird der Zylinder durch eine axiale Bohrung im Kolben mit Druckflüssigkeit versorgt. Um die auf die Kolbenstirnfläche wirkenden Druckkräfte auszugleichen, ist ein Kompensationskolben am Zylinder angebracht. Dieser ist als selbstzentrierender, berührungslos zur Zylinderwandung laufender Keilspaltkolben ausgeführt. Über die oben am Gestell angebrachte Kraftmeßdose werden somit nur die Reibkräfte abgestützt.

Bedingt durch die berührungslose Abdichtung entsteht am Kompensationskolben gerade im HFA-Betrieb bei hohem Betriebsdruck starke Leckage. Diese wird in dem unter der Modellanordnung angebrachten Auffangbehälter aufgefangen. Durch den Impuls beim Flüssigkeitsaustritt wird eine konstante Axialkraft von einigen Newton in die Anordnung eingeleitet, die zu einer leichten Nullpunktverschiebung an der Kraftmeßdose führt. Diese wird vor der Durchführung von Messungen durch erneute Nullpunkteinstellung abgeglichen. Wie umfangreiche Vorversuche aufgezeigt haben, ist die zusätzlich am Kompensationskolben entstehende viskose Reibung gegenüber der stark durch Festkörperreibungsanteile geprägten Reibung am eigentlichen Kolben vernachlässigbar.

Durch die kinematische Umkehr der Modellanordnung - der Zylinder wird translatorisch bewegt, während der Kolben stillsteht - ist die Zahl der bewegten Teile am Prüfstand sehr klein. Weiterhin ergeben sich erhebliche Vereinfachungen bei der Messung der axialen Reibkraft, der Flüssigkeitszufuhr zum Zylinderraum sowie der Einleitung der Querkraft am Kolben. Diese wird über einen Hydraulikzylinder mit berührungsloser Abdichtung aufgebracht, wobei die Höhe der Kraft an einem Druckminderventil eingestellt wird. Die hydraulische Querkrafteinleitung ermöglicht es prinzipiell, auch die Umsteuervorgänge des Zylinderdruckes mittels eines Ventils auf einfache Weise nachzubilden.

Die dargestellte Modellkonfiguration unterscheidet sich gegenüber der Realität - dem Betrieb des Kolbens einer Axialkolbenmaschine in Schrägscheibenbauweise - in folgenden Punkten:

- Durch den Pleuelantrieb wird kein exakt sinusförmiger Hubverlauf erreicht. Das Verhältnis von Exzentrizität zu Pleuellänge ($\lambda = 0{,}0155$) ist jedoch so klein gewählt, daß die Abweichungen vom idealen Hub-, Geschwindigkeits- und Beschleunigungsverlauf in ihren Auswirkungen vernachlässigt werden können.

- Die im realen Betrieb mit der Verdrängerdrehzahl zunehmenden, auf den Kolben wirkenden Fliehkräfte sind in der Modellanordnung nicht wirksam. Eine Abschätzung des Einflusses dieser Kräfte an der beispielhaft untersuchten Verdrängermaschine (Kapitel 5.1.1) zeigt jedoch, daß die im Schwerpunkt des Systems „Kolben/Gleitschuh" angreifenden Fliehkräfte gegenüber der über den Gleitschuh eingeleiteten, aus der Druckkraft resultierenden Querkraft innerhalb des betrachteten Drehzahlbereiches Werte annimmt, die keine merkliche Veränderung der Kolbenbelastung und somit des Schmierungs- und Reibungszustandes am Kolben bewirken.

- Auswirkungen der Verdrängungsströmung werden im Modell nur zum Teil erfaßt. Im realen Betrieb einer Axialkolbenmaschine werden die Zylinderräume abwechselnd von Niederdruck auf Hochdruck und zurück umgesteuert. Während des Umsteuervorganges ändert sich durch die wechselnde Querkraftbelastung und Druckverteilung im Spalt die Neigung des Kolbens in der Zylinderbohrung. Hierbei muß die in den kleiner werdenden Spalten befindliche Flüssigkeit verdrängt werden, wodurch sich ein Tragdruckaufbau ergibt. Im Modell tritt ein Verdrängungsströmungsanteil nur an den Stellen des Kolbens auf, an denen sich ein ausreichender Traganteil durch Schleppströmung ausgebildet hat, der eine Vergrößerung der lokalen Spaltweite zwischen Kolben und Zylinder bewirkt. Während des Kolbenhubes schwankt dieser Traganteil durch Schleppströmung infolge des sinusförmigen Geschwindigkeitsverlaufes des Kolbens, wodurch sich die Spaltweiten ändern und Flüssigkeit verdrängt wird. Der Verdrängungseffekt unterstützt den Tragdruckaufbau durch Schleppströmung, der nach dem Umsteuervorgang in den Totpunkten des Kolbens erst allmählich wieder wirksam wird. Die in der Nähe der Umkehrpunkte des Kolbens auftretenden Reibkräfte fallen in der Realität, d.h. bei wirksamer Verdrängungsströmung, voraussichtlich niedriger aus, als im Modellversuch ermittelt.

- Die hydrodynamisch wirksame Winkelgeschwindigkeit wird im Modell nicht nachgebildet: Wie bereits in Kapitel 5.1.2 erläutert ist es prinzipiell denkbar, daß der Kolben bei raumfester Last mit einer Drehzahl kleiner oder gleich der Verdrängerdrehzahl in der Bohrung der Kolbentrommel rotiert. Hierdurch entstehen in der Praxis zusätzliche hydrodynamische Traganteile, die die Reibpaarung entlasten. Eindeutige Aussagen über die Höhe der hydrodynamisch wirksamen Winkelgeschwindigkeit sind jedoch nicht möglich.

Die Verläufe von Kolbenhub, -geschwindigkeit und -beschleunigung bei den im folgenden beschriebenen Versuchen sind in **Bild 5.9** für eine Drehzahl von 1500 U/min dargestellt.

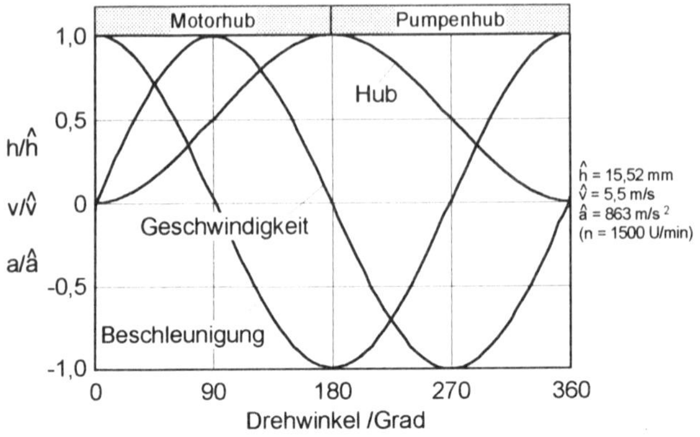


**Bild 5.9**: Kolbenhub, -geschwindigkeit und -beschleunigung bei n = 1500 U/min

### 5.2.2 Einfluß von Betriebsdruck und Drehzahl bei Verwendung verschiedener Druckmedien

**Bild 5.10** zeigt den bei geometrischen Standardparametern gemessenen Reibkraftverlauf für eine Nitrierstahl/Bronze-Reibpaarung bei einer Drehzahl von 50 U/min bei einem Betriebsdruck von

25 MPa. Als Druckmedium wurden eine 3-prozentige HFA-Lösung bzw. mineralölbasisches HLP 32 eingesetzt. Bei 40°C weist die HFA-Lösung eine kinematische Viskosität von 0,7 $mm^2/s$ auf. Die kinematische Betriebsviskosität des HLP 32 beträgt 32 $mm^2/s$.

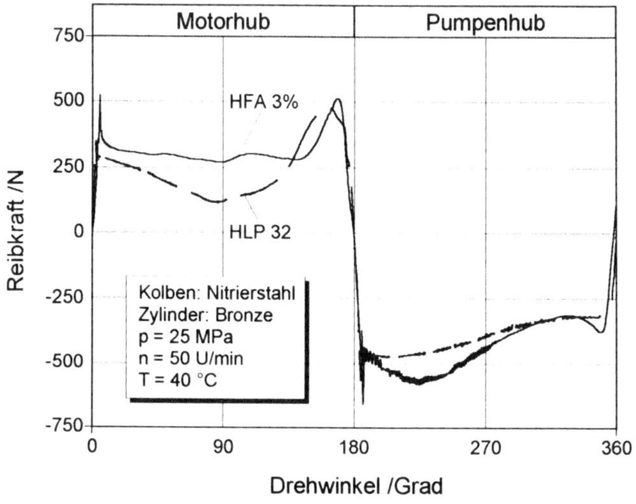


**Bild 5.10**: Reibkraft eines Kolbens über dem Drehwinkel in Abhängigkeit des Betriebsdruckes für 3-prozentige HFA-Lösung und HLP 32, n = 50 U/min, p = 25 MPa

Der Bereich 0 bis 180 Grad gilt dabei für einen Motorhub des Kolbens (der Kolben fährt unter Druck aus), im Bereich 180 Grad bis 360 Grad vollführt der Kolben einen Pumpenhub (der Kolben fährt gegen den Betriebsdruck ein). Bei dem eingestellten Betriebsdruck von 25 MPa beträgt die theoretische Axialkraft des Kolbens 5674,5 N. Charakteristisch für die Kurvenverläufe ist, daß die Reibungsmaxima in der Nähe der Totpunkte liegen. Mit steigender Kolbengeschwindigkeit - ihr Maximum liegt bei 90 bzw. 270 Grad - nehmen die Schleppströmungseffekte zu, wodurch der Kontakt zwischen Kolben und Zylinder entlastet wird.

Der gemäß Gl 5.4 aus dem Reibkraftverlauf in Bild 5.10 resultierende Drehmomentverlust ist in **Bild 5.11** dargestellt. In unmittelbarer Nähe der Totlagen des Kolbens bei 0 Grad (bzw. 360 Grad) und 180 Grad ergeben sich die geringsten Verluste hinsichtlich des auf die Maschinenwelle reduzierten Momentes. Zu bedenken ist dabei allerdings, daß der Kolben in direkter Nähe der Totpunkte infolge seines Hubverlaufes bzw. seines kurzen effektiven Hebelarmes zur Maschinenwelle nicht zur Leistungsübertragung bzw. Energieumwandlung beiträgt.

Wie der Verlauf des auf die Welle der beispielhaft untersuchten Verdrängereinheit bezogenen Momentenverlustes aufzeigt, ergeben sich bei hohen Drücken und niedrigen Drehzahlen - im vorliegenden Fall bei 25 MPa und 50 U/min - ein gegenüber der Verwendung von Mineralöl gemittelt ungünstigerer Momentenverlauf bei HFA-Schmierung.

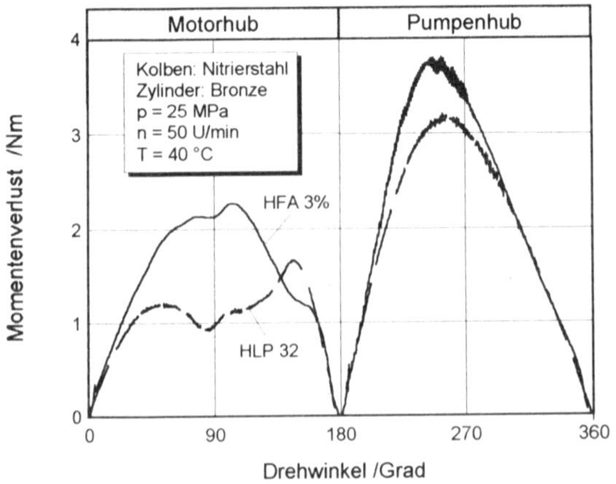


**Bild 5.11**: Drehmomentverlust und Kolbenwirkungsgrad eines einzelnen Kolbens über dem Drehwinkel

Wie die **Bilder 5.12** und **5.13** veranschaulichen, läßt sich am untersuchten tribologischen System weder durch merkliche Reduktion des Betriebsdruckes bei kleiner Drehzahl (n = 50 U/min), noch durch Erhöhung der Drehzahl bei hohem Betriebsdruck (p = 25 MPa) Mischreibung vermeiden.

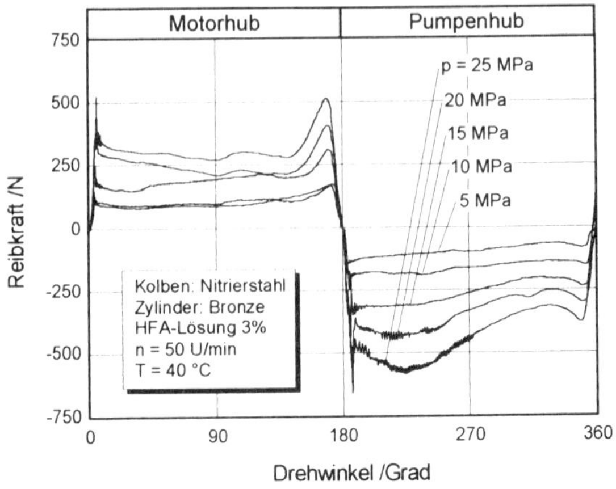


**Bild 5.12 a**: Reibverhalten der Standard-Kolben/Zylinder-Paarung bei Betrieb mit HFA-Lösung bei niedriger Drehzahl

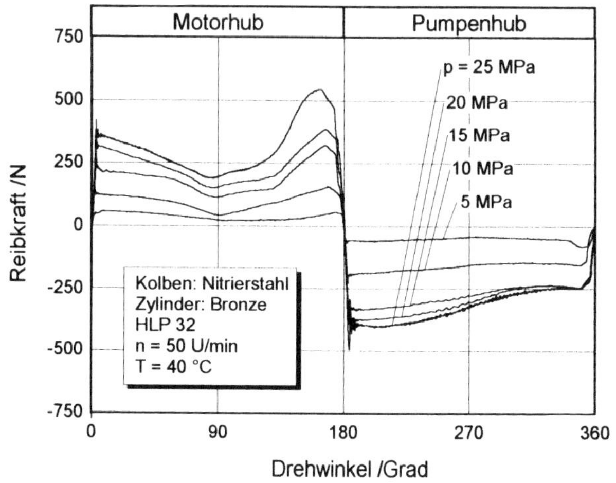


**Bild 5.12 b**: Reibverhalten der Standard-Kolben/Zylinder-Paarung bei Betrieb mit Mineralöl bei niedriger Drehzahl

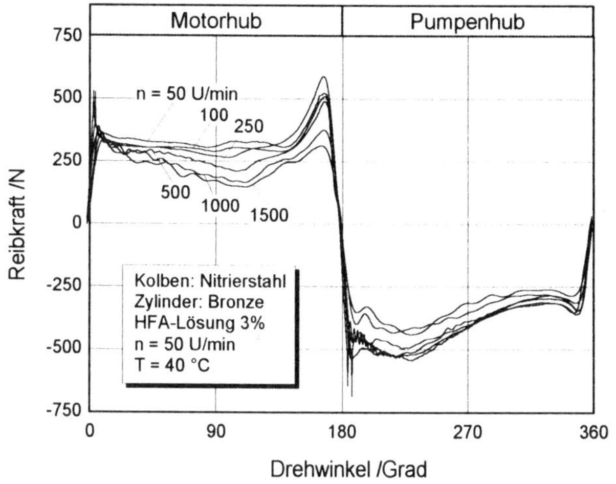


**Bild 5.13 a**: Reibverhalten der Standard-Kolben/Zylinder-Paarung bei Betrieb mit HFA-Lösung bei hohem Betriebsdruck

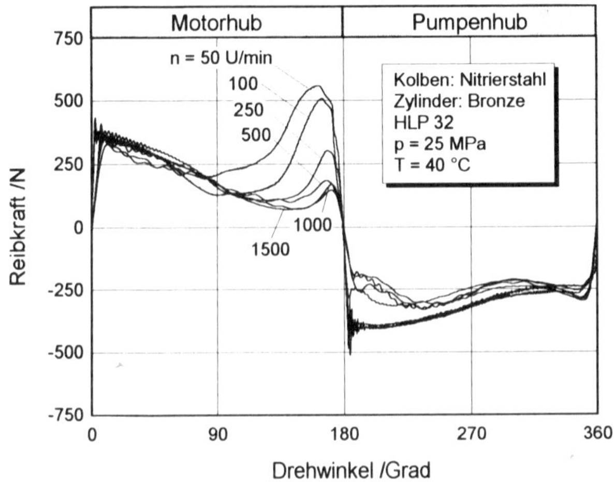


**Bild 5.13 b**: Reibverhalten der Standard-Kolben/Zylinder-Paarung bei Betrieb mit Mineralöl bei hohem Betriebsdruck

Bei niedrigem Betriebsdruck (p = 5 MPa) kann durch Erhöhung der Drehzahl - und dann auch nur für den Mineralölbetrieb - der Zustand reiner Flüssigkeitsreibung erreicht werden **(Bild 5.14)**. In diesem Betriebszustand liegen die Reibungsverluste für den Mineralölbetrieb (Bild 5.14 b) deutlich unter denen des HFA-Betriebes (Bild 5.14 a). Die Höhe der Reibungsverluste wird bei Flüssigkeitsreibung nicht mehr vom Mischreibungsverhalten der geschmierten Werkstoffpaarung bestimmt, sondern von der Viskosität der Flüssigkeit geprägt.

Der Zustand reiner Flüssigkeitsreibung ist dadurch gekennzeichnet, daß die Reibkräfte weitgehend proportional der Flüssigkeitsscherung und damit der Kolbengeschwindigkeit sind, im vorliegenden Fall somit einen sinusförmigen Verlauf annehmen. Lediglich gegen Ende des Verdichtungshubes kann ein kurzer, steiler Anstieg der Reibkraft festgestellt werden, der auf Kontakt zwischen den Bauteilen hindeutet. Charakteristisch ist die Zunahme der Flüssigkeitsreibungsverluste bei steigender Drehzahl. Gegenüber dem Betrieb mit Mineralöl bei 1.000 U/min steigen die Reibungsverluste bei 1.500 U/min geringfügig an. Im vorliegenden Fall wird für den Mineralölbetrieb das absolute momentane Reibungsminimum bei einer Drehzahl von etwa 500 U/min jeweils auf halbem Kolbenwege (Drehstellung der Kolbentrommel von 90 bzw. 270 Grad) bei maximaler Kolbengeschwindigkeit erreicht. Ein weiterer Anstieg der Aggregatdrehzahl führt in diesen Stellungen infolge steigender Flüssigkeitsscherung zu höherer Reibung, allerdings läßt sich in den übrigen Bereichen Mischreibung vermeiden.

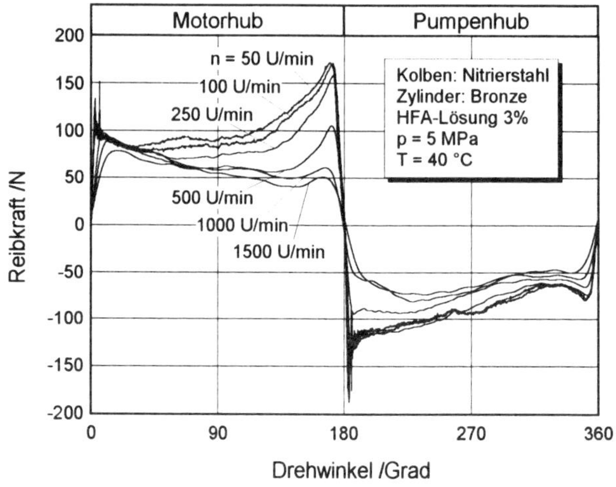


**Bild 5.14 a**: Reibverhalten der Standard-Kolben/Zylinder-Paarung bei Betrieb mit HFA-Lösung bei niedrigem Betriebsdruck

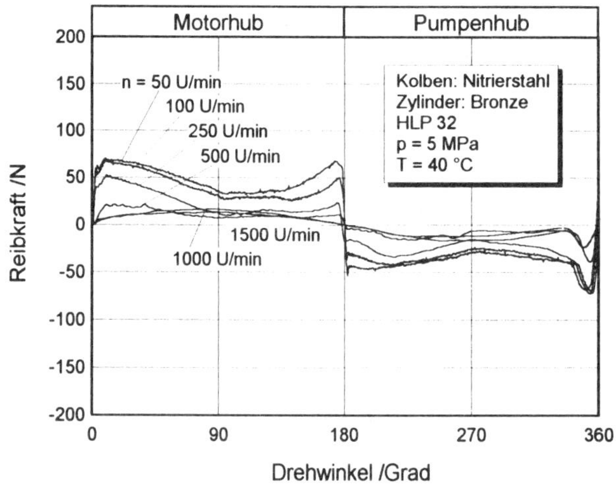


**Bild 5.14 b**: Reibverhalten der Standard-Kolben/Zylinder-Paarung bei Betrieb mit Mineralöl bei niedrigem Betriebsdruck

Insgesamt zeigen die Ergebnisse die starke Abhängigkeit der Reibungsverluste von Schmierstoff, Betriebsdruck und Drehzahl. Die Kolbenreibung macht einen beträchtlichen Anteil der mechanischen Verluste aus. Darüber hinaus wird deutlich, daß die Reibpaarung Kolben/Zylinder bei großer Ausschwenkung und mittleren bis hohen Betriebsdrücken auch bei Mineralölbetrieb zum Großteil im Mischreibungsgebiet betrieben wird.

### 5.2.3 Variation der Führungslänge

Durch die geometrische Gestaltung der Kolben/Zylinder-Paarung werden die Überdeckungs- und Hebelverhältnisse - und damit der Reibkraftverlauf - festgelegt. Zur Untersuchung dieses Einflusses wurden Versuche durchgeführt, bei denen der Kolbenschaft bei ansonsten gleicher Geometrie und gleicher externer Querkraft um 5 mm (entsprechend 12,5 Prozent) verlängert wurde. Hierdurch verlängert sich $l_B$ um den gleichen Betrag (siehe Bild 5.4). Auf diese Weise gestalten sich die Hebelverhältnisse insbesondere bei Kolbenstellungen in Nähe des UT ($\varphi$ = 180°) günstiger.

Die Ergebnisse der durchgeführten Versuchsreihe sind in **Bild 5.15** anhand von Messungen bei einem konstanten Betriebsdruck von 25 MPa und Drehzahlen von 50 und 1.500 U/min für den Betrieb mit 3-prozentiger HFA-Lösung zusammengefaßt.

Wie die Kurven veranschaulichen, kann durch die geänderten Führungsverhältnisse ein günstigerer Reibkraftverlauf erzielt werden.

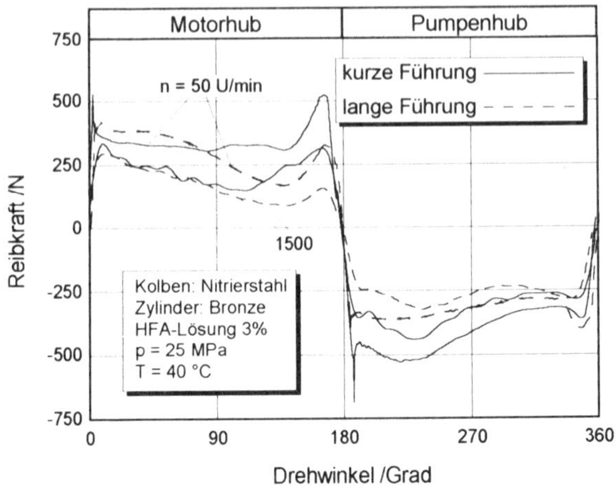


**Bild 5.15**: Reibverhalten der Standard-Kolben/Zylinder-Paarung bei verschiedenen Eintauchtiefen

Ähnlich günstige Auswirkungen haben voraussichtlich auch Maßnahmen zur Reduzierung der Länge $l_A$ (und damit auch $l_B$) aus Bild 5.4. Durch Verlegung der Kugelpfanne aus dem Gleitschuh in den Kolben ist es sogar möglich, den Angriffspunkt der äußeren Querkraft soweit in Richtung des Druckraumes zu legen, daß die Querkraft innerhalb des Führungsbereiches angreift. Einzelne Hersteller von Schrägscheiben- oder Radialkolbenmaschinen haben dies konstruktiv umgesetzt /11/. Eine bereits seit Jahren auf dem Markt befindliche Radialkolbenmaschine, in der das beschriebene Prinzip Anwendung findet, ist beispielhaft in **Bild 5.16** dargestellt. Bei dem dargestellten Aggregat befindet sich der Angriffspunkt der äußeren Querkraft in allen Kolbenstellungen innerhalb der Zylinderbohrung, wodurch das Verkanten des Kolbens vermieden wird. Der Kolben kann in dieser Hinsicht sehr kurz ausgeführt werden.

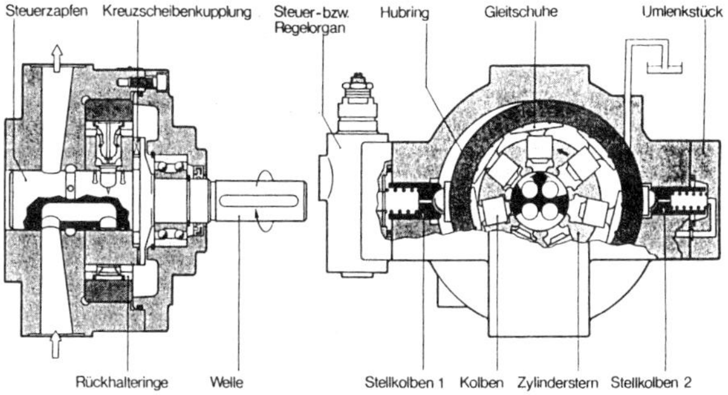


**Bild 5.16**: Radialkolbenmaschine mit Kugelpfanne im Kolben

### 5.2.4 Variation von Kolben- und Zylinderwerkstoff

Aufgrund der völlig verschiedenen Belastungskollektive und Bewegungsabläufe können die Ergebnisse der in Kapitel 3 vorgestellten Reibungsuntersuchungen an ringförmigen Prüfkörpern nicht ohne weiteres auf die Kolben/Zylinder-Paarung übertragen werden. Bezüglich der Fragestellung zur Werkstoffauswahl wurden daher gesonderte Untersuchungen an Kolben/Zylinder-Paarungen aus verschiedenen Werkstoffkombinationen durchgeführt. Neben der Referenzpaarung „Nitrierstahl/Bronze“ wurden verschiedene Kolbenwerkstoffe in Kombination mit Zylinderbuchsen aus Sphäroguß (GGG 40) und vergütetem Stahl (Ck 45) Reibungsversuchen auf dem Kolben/Zylinderprüfstand unterzogen.

Wie die bisher aufgeführten Ergebnisse gezeigt haben, verschärfen sich die Reibungsverhältnisse am System Kolben/Zylinder gegenüber denen an den rotatorisch bewegten Tribosystemen Gleitschuh/Schrägscheibe. Das Erreichen rein flüssigkeitsgeschmierter Betriebszustände ist nur bei geringen Belastungen und gleichzeitig hohen Kolbengeschwindigkeiten möglich. Dies resultiert einerseits daraus, daß sich der stark verkantete Kolben bei prinzipieller Betrachtungsweise über zwei Hertz'sche Kontakte in seiner Führung abstützt. Andererseits fällt die Kolbengeschwindigkeit durch die oszillierende Bewegung des Kolbens in den Totpunkten jeweils auf Null ab, wodurch der hydrodynamische Traganteil durch Schleppströmung in den Totpunkten des Kolbens zusammenbricht.

Diesem Sachverhalt kann mit konstruktiven Mitteln, wie beispielsweise einer hydrostatisch entlasteten Kolbenführung, nur mit hohem Aufwand und einer voraussichtlichen Zunahme volumetrischer Verluste kaum Rechnung getragen werden. Der Auswahl einer reibungsgünstigen Werkstoffpaarung, die über niedrige Reibwerte verfügt, kommt somit eine besonders hohe Gewichtung zu.

**Bild 5.17** zeigt die Reibwertverläufe für Kolben aus verschiedenen Werkstoffen im Kontakt mit einer Sphärogußbuchse (GGG 40). Die Kurven wurden bei einer Exzenterdrehzahl von 50 U/min aufgenommen, als Zwischenstoff wurde eine 3-prozentige HFA-Lösung eingesetzt.

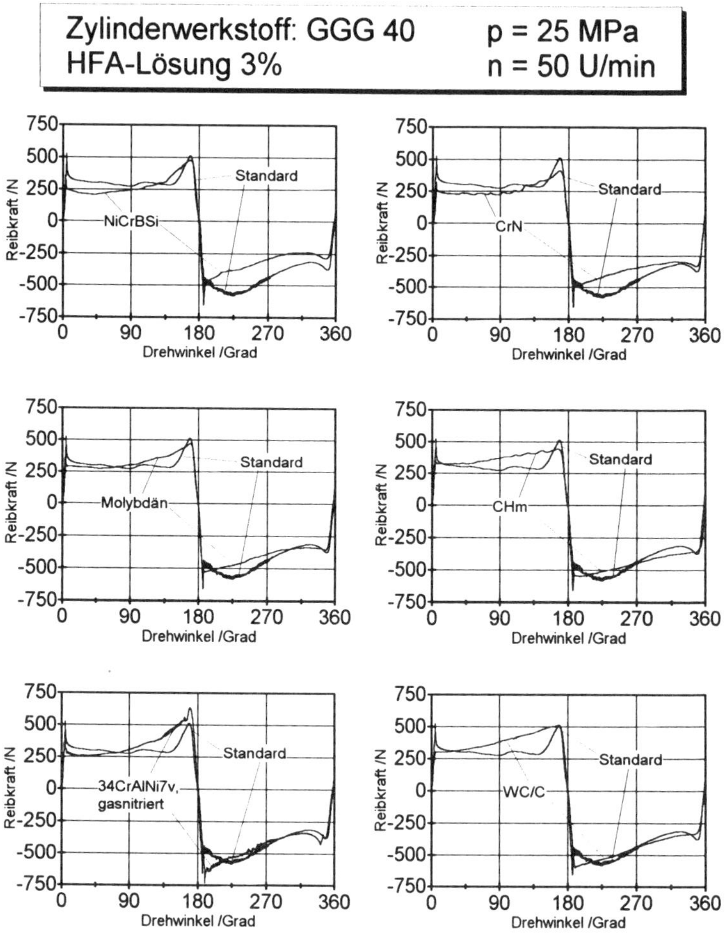


**Bild 5.17**: Reibwertverläufe verschiedener Kolben/Zylinder-Werkstoffpaarungen (GGG 40-Buchse)

In **Bild 5.18** ist der analoge Sachverhalt bei Verwendung einer vergüteten Zylinderbuchse aus Ck 45 dargestellt.

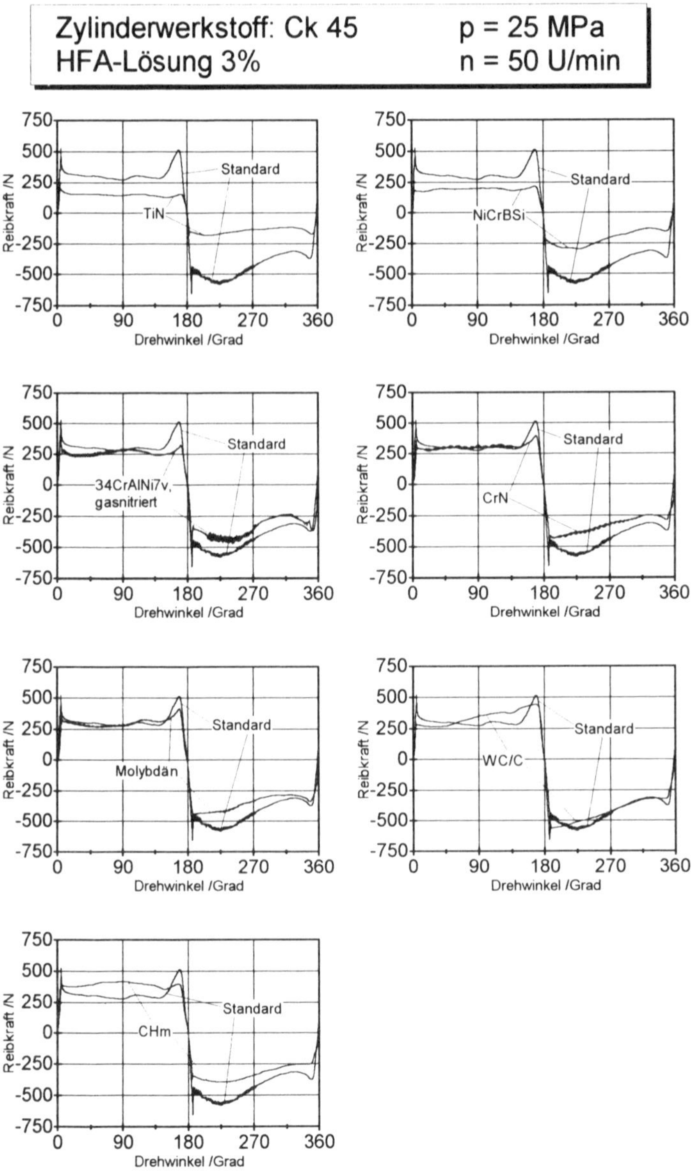


**Bild 5.18**: Reibwertverläufe verschiedener Kolben/Zylinder-Werkstoffpaarungen (Ck 45-Buchse)

Die Ergebnisse der Werkstoffvariation an Kolben und Zylinder sind für eine Drehzahl von n = 50 U/min und einen Betriebsdruck von p = 25 MPa in **Bild 5.19** zusammengefaßt. Eingetragen ist jeweils die in diesem Betriebszustand verrichtete Reibarbeit des Kolbens für einen Hub im Motoren- bzw. Pumpenbetrieb.

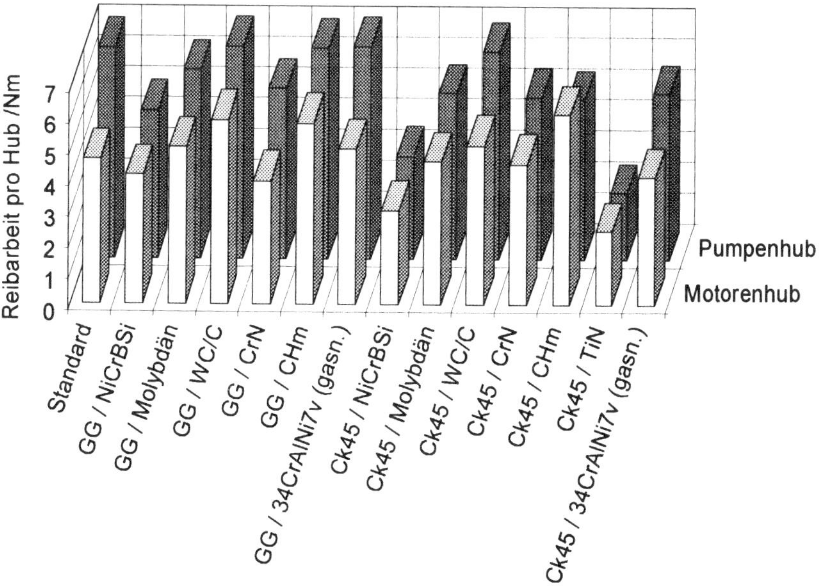


**Bild 5.19**: Reibarbeit im Pumpen- bzw. Motorenbetrieb für verschiedene Kolben/Zylinder-Werkstoffkombinationen (n = 50 U/min, p = 25 MPa)

Wie die Bilder 5.17, 5.18 und 5.19 zeigen, verfügen einzelne Werkstoffpaarungen über ein gegenüber der Standardkombination (links in Bild 5.19) günstigeres Reibverhalten. Herausragend sind dabei die Ergebnisse, die mit der Werkstoffkombination TiN (Kolben) und Ck 45 (Zylinder) erzielt wurden.

Neben der möglichen Reduktion der Reibungsverluste verfügen die untersuchten Werkstoffe z.T. über eine deutlich höhere Verschleißresistenz. Dies konnte in Kapitel 3 bezüglich der Abrasions- und Adhäsionsbeständigkeit exemplarisch nachgewiesen werden, darüber hinaus bestätigen dies die Ergebnisse der Untersuchungen anderer Autoren /B3, J1, R3/.

### 5.2.5 Leckageverhalten

Die Messung der Leckage ist an dem in Bild 5.7 dargestellten Kolben/Zylinder-Prüfstand infolge der leckagebehafteten Kompensation der Axialkraft nur mit erheblichem Aufwand möglich. Aufgrund der weitgehend bekannten Spaltverhältnisse liefert die rein rechnerische Betrachtung der Fragestellung jedoch hinreichend genaue Ergebnisse.

Aus den Pumpenuntersuchungen von Rinck /R3/ ist bekannt, daß die Spaltweite zwischen Kolben und Zylinder gerade bei Verwendung von Flüssigkeiten niedriger Viskosität in entscheidendem Maße für die Höhe des volumetrischen Wirkungsgrades von Kolbenpumpen verantwortlich ist. Die Spaltweite der Kolben/Zylinder-Paarung ist in diesem Sinne auf ein Mindestmaß zu reduzieren, bei dem die einwandfreie mechanische Funktion der Paarung noch sichergestellt ist. Dabei werden hohe Anforderungen an die Formgenauigkeit von Kolben und Zylinder gestellt, da nur enge Formtoleranzen die Spaltweitenreduktion auf ein Minimum zulassen.

**Bild 5.20** zeigt den mittels eines Simulationsprogrammes berechneten volumetrischen Wirkungsgrad eines Kolbens der untersuchten Verdrängereinheit bei einem Betriebsdruck von 30 MPa und einer Maschinendrehzahl von 1.500 U/min. Der Simulation wurden die geometrischen Abmessungen der Standard-Kolben/Zylinder-Paarung zugrunde gelegt, wobei der Volumenstrom durch Schleppströmung berücksichtigt wurde. Bei der Simulation werden die Gleichgewichtslage des Kolbens im Zylinder und damit der Spalt- und Druckverlauf auf iterativem Wege ermittelt. Streng genommen ergibt sich zwischen Motoren- und Pumpenbetrieb durch die unterschiedlich gerichtete Kolbenbewegung eine Differenz in der Leckage, die jedoch infolge der geringen durch Schleppströmung geförderten Flüssigkeitsmengen nur von untergeordneter Bedeutung ist.

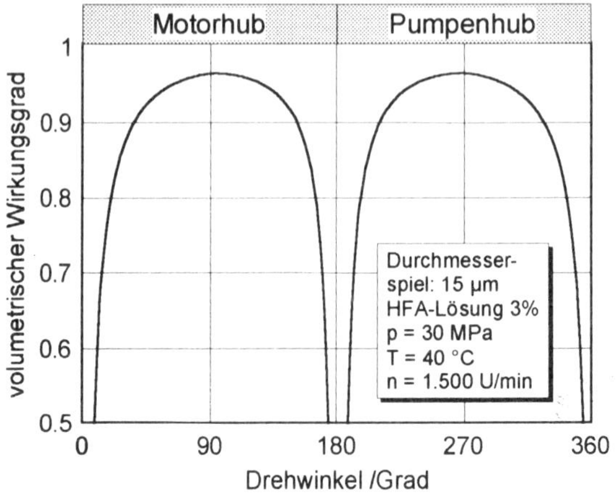


**Bild 5.20**: Volumetrischer Wirkungsgrad eines Kolbens über dem Drehwinkel

# 6 Untersuchungen am tribologischen System „Kolbentrommel/Steuerspiegel“

Axialkolbenmaschinen sind überwiegend schlitzgesteuert ausgeführt. Der mit den nierenförmigen Steueröffnungen versehene Steuerspiegel übernimmt neben der Umsteuerung die Aufgabe, die Kolbentrommel axial, bei sphärischen Spiegeln auch radial, abzustützen bzw. zu führen. Verschiedene Arbeiten beschäftigen sich mit der Auslegung von Steuerspiegeln für ölhydraulische Verdrängereinheiten /B8, J2/.

Analog zum Tribosystem Gleitschuh/Schrägscheibe vollführt die Kolbentrommel im Betrieb eine über dem Drehwinkel kontinuierliche Bewegung. Dies kommt der Ausbildung tragender Schmierfilme durch Schleppströmung zugute. Da die Zahl der druckbeaufschlagten Kolben im Betrieb ständig wechselt, ist die von der Kolbentrommel auf den Steuerspiegel ausgeübte Axialkraft eine schwellende Kraft. Durch entsprechende geometrische Auslegung der Steuernieren und der angrenzenden Dichtstege wird eine weitgehende hydrostatische Entlastung des axialen Kontaktes zwischen Steuerspiegel und Kolbentrommel erreicht.

Das vorliegende Kapitel beschreibt ein Versuchsmodell zur experimentellen Bestimmung der Verlustanteile der Gleitlagerstelle Kolbentrommel/Steuerspiegel. Darüber hinaus wurden Messungen der volumetrischen und mechanischen Verluste an Originalbauteilen durchgeführt, die einer ausgeführten Pumpe für niedrigviskose HFA-Flüssigkeiten entnommen wurden.

## 6.1 Grundlegende Überlegungen zu Bewegungen und Kräften

**Bild 6.1** zeigt schematisch den Kontakt zwischen Kolbentrommel und ebenem Steuerspiegel sowie die bei auf Null zurückgeschwenkter Einheit auf die Kolbentrommel ausgeübten Kräfte. Die Kolbentrommel wird durch die Feder des Gleitschuhniederhalters sowie die Druckbeaufschlagung der Zylinder an den Steuerspiegel angedrückt. Dadurch, daß die Kolben nur in einem Drehwinkelbereich von etwa 180° unter Druck stehen, wirkt ein Kippmoment auf die Trommel, das am Steuerspiegel und an der Triebwerkswelle abgestützt werden muß.

Bei näherer Betrachtungsweise zeigt sich, daß die Gleichgewichtslage der Kolbentrommel darüber hinaus von weiteren Kräften bestimmt wird. Bei ausgeschwenkter, rotierender Maschine verursacht die unterschiedliche Eintauchtiefe der Kolben in die Zylinderbohrungen ein Fliehmoment, das die Kolbentrommel kippen läßt und ebenfalls von Steuerspiegel und Welle aufgenommen wird. Die Axialkraft zwischen Kolbentrommel und Steuerspiegel wird ferner von den Reibungskräften zwischen Kolben und Zylinder geprägt. Auch nimmt die zwischen Kolbentrommel und Steuerspiegel auftretende Reibkraft Einfluß auf die Kraftbilanz.

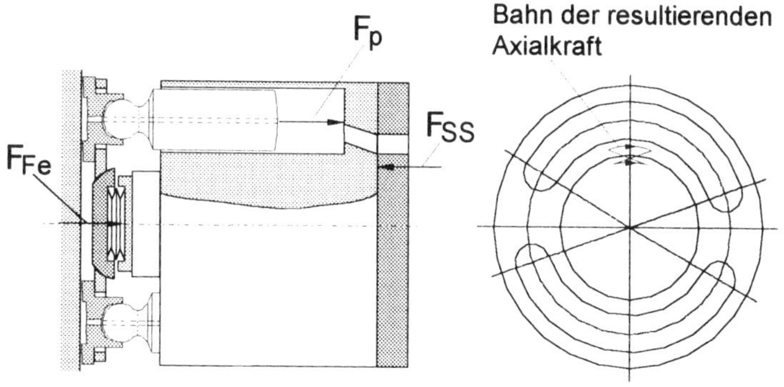


**Bild 6.1**: Auf die Kolbentrommel wirkende Kräfte (stark vereinfacht)

Die Ausführungen veranschaulichen die Komplexität der Einflüsse, die letztlich die Belastung des Steuerspiegels festlegen. Im folgenden wird daher für die theoretischen Betrachtungen zunächst vereinfachend angenommen, daß die Kolben zwar entsprechend dem Betrieb realer Verdrängermaschinen von Hochdruck auf Niederdruck und zurück umgesteuert werden, jedoch keinen Hub vollführen. Somit greifen keine Massenkräfte, keine Kolbenreibung und keine über die Kolben eingeleitete Querkraft an der Kolbentrommel an. Auch wird die Reibkraft zwischen Kolbentrommel und Steuerspiegel vernachlässigt.

Zur Berechnung des hydrostatischen Tragkraftanteils des Steuerspiegels werden die druckbeaufschlagten Flächen gemäß **Bild 6.2** in einzelne Zonen unterteilt. Innerhalb der Druckniere wirkt der Betriebsdruck p, das Druckprofil über den inneren und äußeren Dichtsteg kann bei bekanntem Spaltverlauf exakt berechnet werden. Im Ein- und Austrittsbereich zur Druckniere kann der Druckverlauf nur abgeschätzt werden, wobei der Anteil der getragenen Kraft in diesen Bereichen verhältnismäßig gering ist. Im folgenden wird angenommen, daß für den Druckabbau an diesen Stellen eine halbkreisförmige spaltbegrenzende Fläche von Relevanz ist.

Durch die Überdeckung von Kolbentrommel und Steuerspiegel variiert die druckbeaufschlagte Fläche je nach Drehstellung der Kolbentrommel. Sie nimmt ein Maximum an, wenn die größere Zahl der Kolben unter Druck stehen ($z = 5$ bei einer 9-Kolben-Pumpe). Dabei erhöht sich auch die resultierende Axialkraft, mit der die Kolbentrommel an den Steuerspiegel angedrückt wird. Die minimale Axialkraft am Steuerspiegel tritt dann auf, wenn 4 Kolben druckbeaufschlagt werden. In diesem Fall nimmt die hydrostatische Entlastung ein Maximum an, weshalb das Abhebekriterium zu prüfen ist. Der Anschaulichkeit halber werden im folgenden beide Fälle getrennt betrachtet.

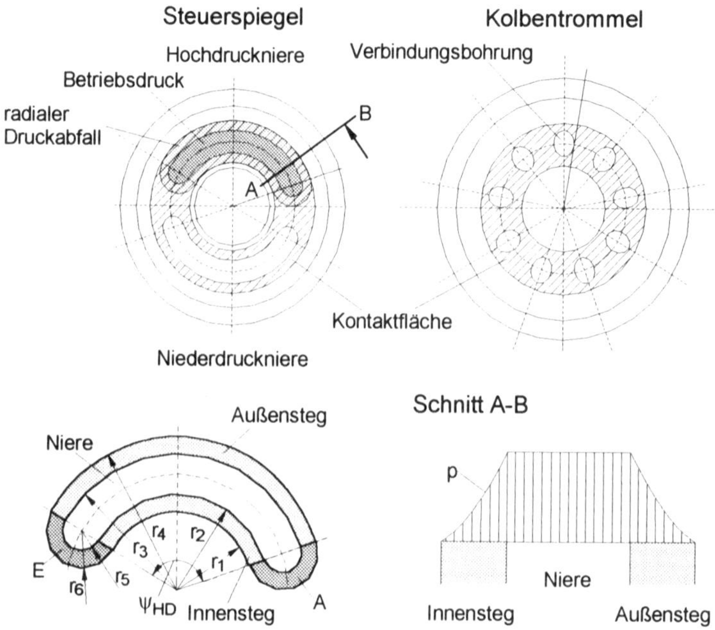


**Bild 6.2**: Druckfeld zwischen Kolbentrommel und Steuerspiegel

Wie Jang /J2/ nachgewiesen hat, kann auch der sphärische Steuerspiegel infolge seines großen Kugelradius' ohne nennenswerte Abweichungen der Rechenergebnisse vereinfacht als ebenes hydrostatisches Lager behandelt werden. Für den Fall, daß die kleinere Anzahl der Kolben - im vorliegenden Fall sind dies vier - aktiv ist, liegen alle in der Kontaktfläche zum Steuerspiegel mündenden Verbindungsbohrungen zu den einzelnen Zylinderräumen innerhalb der Öffnung der Druckniere. Unter Vernachlässigung des Umgebungsdruckes berechnet sich die Anpreßkraft der Kolbentrommel für diesen Fall zu:

$$F_{ax,KT} = \left(\frac{z-1}{2}\right) A_K p + F_{Fe} \qquad \text{Gl. 6.1}$$

Der hydrostatische Traganteil des Steuerspiegels setzt sich gemäß den o.a. Überlegungen aus verschiedenen Anteilen zusammen (Bild 6.2). Diese lassen sich getrennt zu vier Teilen bestimmen. Der hydrostatische Traganteil ergibt in der Summe:

$$F_{ax,SS} = F_{Niere} + F_{Innensteg} + F_{Außensteg} + 2F_{E,A} \,. \qquad \text{Gl. 6.2}$$

Für die Druckniere gilt:

$$F_{Niere} = \left( \frac{\psi_{HD}}{2} \left( r_3^2 - r_2^2 \right) + \pi \cdot r_5^2 \right) p \,. \qquad \text{Gl. 6.3}$$

Zur exakten Berechnung des Traganteils des inneren und äußeren Dichtsteges innerhalb des Winkels $\psi_{HD}$ zeigt **Bild 6.3** die auf ein Volumenelement, das sich innerhalb des Spaltes am äußeren Dichtsteg zwischen Steuerspiegel und Kolbentrommel befindet, wirkenden Kräfte.

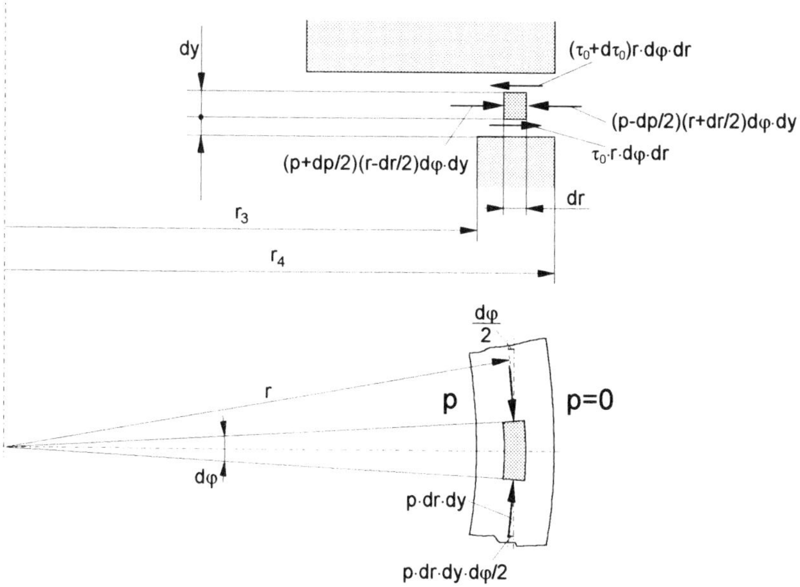


**Bild 6.3**: Volumenelement im Spalt zwischen dem äußerem Steg des Steuerspiegels und der Kolbentrommel

Das Kräftegleichgewicht am Volumenelement im äußeren Dichtspalt lautet:

$$\left( p + \frac{dp}{2} \right)\left( r - \frac{dr}{2} \right) d\varphi dy - \left( p - \frac{dp}{2} \right)\left( r + \frac{dr}{2} \right) d\varphi dy$$
$$+2pdydr\frac{d\varphi}{2} + \tau_0 r d\varphi dr - \left( \tau_0 + d\tau_0 \right) r d\varphi dr = 0 \qquad \text{Gl. 6.4}$$

Vereinfacht ergibt sich:

$$\frac{d\tau_0}{dy} = \frac{dp}{dr} \,. \qquad \text{Gl. 6.5}$$

Integration führt zu:

$$\tau_0 = \left(\frac{dp}{dr} y + c_1\right).$$ Gl. 6.6

Für Newton'sche Flüssigkeiten gilt:

$$\tau_0 = \eta \frac{dv}{dy}.$$ Gl. 6.7

Ineinander eingesetzt ergibt sich für die Strömungsgeschwindigkeit:

$$v = \frac{1}{\eta}\left(\frac{dp}{dr}\frac{y^2}{2} + c_1\, y + c_2\right).$$ Gl. 6.8

An den Bauteilwandungen ($y = 0$, $y = h$) ist die radiale Strömungsgeschwindigkeit $v = 0$. Hieraus folgt durch Einsetzen:

$$c_1 = \frac{dp}{dr}\frac{h}{2} \quad \text{und} \quad c_2 = 0.$$ Gl. 6.9

Dies wiederum führt zu:

$$v = \frac{1}{2\eta}\frac{dp}{dr} y(y-h).$$ Gl. 6.10

Für den Volumenstrom durch ein Flächenelement $r d\varphi dy$ am ebenen, kreisförmigen Spalt wird:

$$d^2Q = v\, r\, d\varphi\, dy$$ Gl. 6.11

angesetzt.

Durch Einsetzen der Geschwindigkeit aus Gl. 6.10 und Integration nach dy ergibt sich:

$$\frac{dp}{dr} = \frac{12 \cdot \eta \cdot dQ}{r \cdot h^3 \cdot d\varphi}$$ Gl. 6.12

Integration nach dr liefert:

$$p = \frac{12 \cdot \eta \cdot dQ}{h^3 \cdot d\varphi} \cdot \ln r + c_1.$$ Gl. 6.13

Am Außenradius $r_4$ kann $p = 0$ gesetzt werden. Durch Einsetzen in Gl. 6.13 folgt für den Druckverlauf über dem Radius:

$$p = \frac{12 \cdot \eta \cdot dQ}{h^3 \cdot d\varphi} \cdot \ln\left(\frac{r}{r_4}\right).$$ Gl. 6.14

Analog gilt für den Druckverlauf am Innensteg:

$$p = \frac{12 \cdot \eta \cdot dQ}{h^3 \cdot d\varphi} \cdot \ln\left(\frac{r_1}{r}\right). \qquad \text{Gl. 6.15}$$

Durch Integration des Druckes über die Stegfläche gelangt man zur hydrostatischen Tragkraft der Stege. Für den Außensteg gilt:

$$F_{\text{Außensteg}} = \frac{1}{2} \cdot \psi_{HD} \cdot p_B \left( \frac{r_4^2 - r_3^2}{2\ln(r_4/r_3)} - r_3^2 \right). \qquad \text{Gl. 6.16}$$

Analog gilt für den Innensteg:

$$F_{\text{Innensteg}} = \frac{1}{2} \cdot \psi_{HD} \cdot p_B \left( r_2^2 - \frac{r_2^2 - r_1^2}{2\ln(r_2/r_1)} \right). \qquad \text{Gl. 6.17}$$

Für den Ein- und Auslaufbereich der Stege wird die Berechnung der hydrostatischen Entlastungskraft entsprechend durchgeführt. Bei gleicher Breite des Innen- und Außensteges gilt:

$$F_{E.A} = \frac{\pi}{2} \cdot p_B \left( \frac{r_6^2 - r_5^2}{2\ln(r_6/r_5)} - r_5^2 \right), \qquad \text{Gl. 6.18}$$

Zusammengefaßt ergibt sich somit ein hydrostatischer Traganteil des Steuerspiegels von:

$$F_{ax,SS} = \frac{1}{4} \psi_{HD} \cdot p_B \left( \frac{r_4^2 - r_3^2}{\ln(r_4/r_3)} - \frac{r_2^2 - r_1^2}{\ln(r_2/r_1)} \right) + \frac{\pi}{2} \cdot p_B \left( \frac{r_6^2 - r_5^2}{\ln(r_6/r_5)} \right). \qquad \text{Gl. 6.19}$$

Wobei gilt:

$$r_5 = \frac{r_3 - r_2}{2} \quad \text{und} \quad r_6 = \frac{r_4 - r_1}{2}. \qquad \text{Gl. 6.20}$$

Für die in **Bild 6.4** dargestellten Abmessungen der im Rahmen der Arbeiten untersuchten Paarung von Kolbentrommel und Steuerspiegel ergibt sich somit für vier druckbeaufschlagte Kolben ein hydrostatischer Entlastungsgrad der Paarung von 90,2 Prozent. Dabei wurde die Kraft der Feder, mit der die Kolbentrommel an den Steuerspiegel angedrückt wird, nicht berücksichtigt. Die Feder ist in der Praxis so auszulegen, daß sie auch bei hohen Drücken eine ausreichende Anpreßkraft aufbringt. Hierdurch wird der hydrostatische Entlastungsgrad auf einen Wert unterhalb von 100 Prozent gedrückt.

Während der Drehbewegung der Kolbentrommel wandern die axialen Kolbenkräfte, wobei wechselweise (z+1)/2 bzw. (z-1)/2 Kolben druckbeaufschlagt sind. Hierdurch ändern sich auch der Angriffspunkt und die Höhe der resultierenden Kraft, die die Kolbentrommel auf den Steuerspiegel ausübt. In gleicher Weise ändert sich die hydrostatische Entlastungskraft der Paarung, da sich die Überdeckungsverhältnisse zwischen Kolbentrommel und Steuerspiegel während der Drehung der Kolbentrommel ändern. Beide Effekte führen dazu, daß die jeweiligen Angriffspunkte der resultierenden Kräfte von der Drehstellung der Kolbentrommel abhängig sind. Die Wanderung der Kraftangriffspunkte wurde von verschiedenen Autoren behandelt und beschrieben /I1, J2/, weshalb auf ihre ausführliche Darstellung an dieser Stelle verzichtet wird.

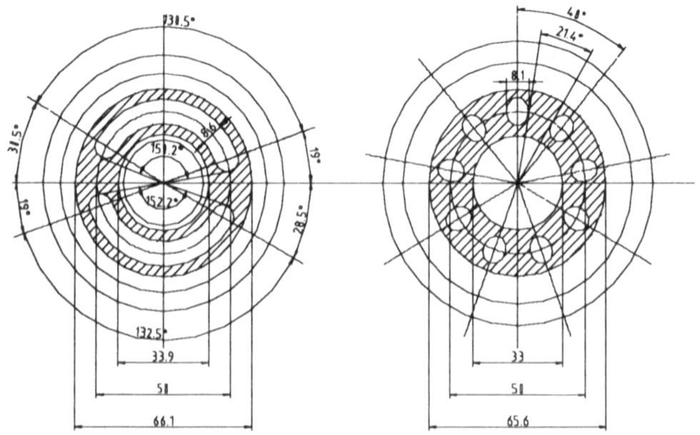

**Bild 6.4**: Wesentliche Abmessungen der Paarung Kolbentrommel/Steuerspiegel

Sind 5 Kolben druckbeaufschlagt, so ändert sich der hydrostatische Entlastungsgrad zwischen Kolbentrommel und Steuerspiegel. Zu Berechnungszwecken kann vereinfachend angenommen werden, daß die beiden im Ein- und Austrittsbereich zur Druckniere liegenden Verbindungsbohrungen in der Kolbentrommel jeweils die gleiche Überdeckung mit dem Steuerspiegel aufweisen. Durch diese Überdeckung wird die druckbeaufschlagte Fläche geringfügig erweitert, wodurch sich der hydrostatische Traganteil erhöht. Die Erweiterung der druckbeaufschlagten Fläche kann in guter Näherung dadurch berücksichtigt werden, daß der Hochdruckwinkel $\psi_{HD}$ der Druckniere dem gesamten Teilungswinkel zwischen den fünf Kolben (4*40 Grad = 160 Grad) gleichgesetzt wird. Für diesen Fall errechnet sich der hydrostatische Entlastungsgrad der Paarung Kolbentrommel/Steuerspiegel nach Bild 6.4 zu 86,2 Prozent. Somit ergeben sich relative Schwankungen des Entlastungsgrades von ±2,2 Prozent um den mittleren Entlastungsgrad von 88,2 Prozent.

Durch die schwellende Belastung der Bauteilpaarung baut sich ein Verdrängungsdruck zwischen den Bauteilen auf. Analog zu den Gleitschuhbetrachtungen in Kapitel 4 wird dieser durch den Tragdruck der Schleppströmung unterstützt, so daß im Betrieb der Maschine bei ausreichend hoher Drehzahl der Zustand reiner Flüssigkeitsreibung zwischen den Bauteilen erreicht wird. In der Literatur wird der hydrostatische Entlastungsgrad der Paarung Kolbentrommel/Steuerspiegel mit üblichen Werten von 80 bis 97 Prozent angegeben. Ivantysyn empfiehlt für die Praxis einen Wert von 90 bis 94 Prozent für den Fall, daß die kleinere Zahl der Kolben druckbeaufschlagt ist /I1/. Bei diesen Werten besteht ausreichende Sicherheit gegen das Abheben der Kolbentrommel.

### 6.1.1 Einfluß der Fliehkräfte von Kolben und Gleitschuh

Durch die Rotation der Kolbentrommel ergibt sich bei unterschiedlicher Hubstellung der Kolben ein resultierende Fliehkraft, die ein Kippmoment an der Kolbentrommel bewirkt (**Bild 6.5**).

Das Kippmoment resultiert aus den in x-Richtung wirkenden Fliehkraftanteilen $F_{Fl} \cdot \cos\varphi$ und berechnet sich zu:

$$M_{Fl,KT} = \sum_{i=1}^{z} m_{KGS} \cdot R^2 \cdot \omega^2 \cdot \cos\varphi_i \cdot \tan\beta \qquad \text{Gl. 6.21}$$

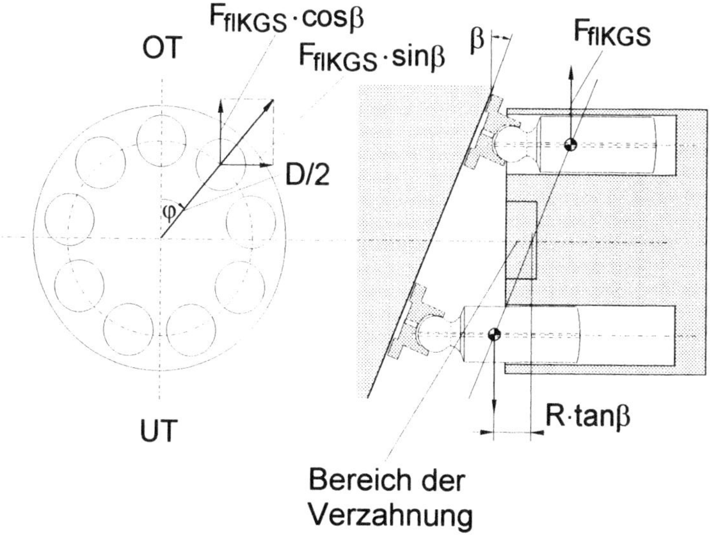


**Bild 6.5**: Fliehkraft der Einheit Kolben/Gleitschuh

Umformung von Gl. 6.21 führt nach /J2/ zu:

$$M_{Fl,KT} = \frac{z \cdot m_{KGS} \cdot R^2 \cdot \omega^2 \cdot \tan\beta}{2}. \qquad \text{Gl. 6.22}$$

Der Großteil dieses Kippmomentes wird über die Mitnahmeverzahnung der Kolbentrommel, die gleichzeitig als Zentrierung dient, in die Antriebswelle eingeleitet. Die exakte Bestimmung der aus dem Kippmoment resultierenden zusätzlichen Belastung der Paarung Kolbentrommel/Steuerspiegel gestaltet sich sehr aufwendig. Gerade bei hohen Betriebsdrücken ist das durch Fliehkräfte hervorgerufene Kippmoment jedoch von untergeordneter Bedeutung und kann daher vernachlässigt werden. Für die exemplarisch untersuchte Einheit beträgt das Kippmoment durch Fliehkraft bei einer Drehzahl von 1.500 U/min lediglich $M_{Fl} = 3,6$ Nm.

### 6.1.2 Einfluß der Querkraft durch Schrägscheibenneigung

Bei geneigter Schrägscheibe wird in Abhängigkeit des Betriebsdruckes über die Kugelgelenke der Kolben eine Querkraft eingeleitet, die sich für einen einzelnen Kolben zu:

$$F_q = p \cdot \frac{\pi}{4} d_K^2 \cdot \tan\beta \qquad \text{Gl. 6.23}$$

berechnet **(Bild 6.6)**.

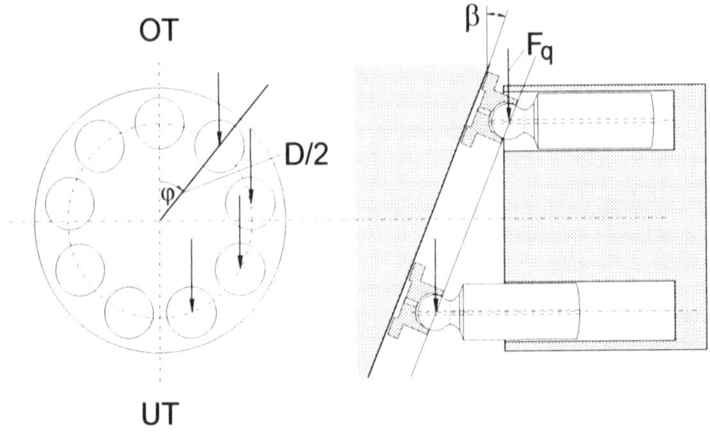


**Bild 6.6**: Querkraft durch Druckbeaufschlagung der Kolben

In der Summe wird somit eine periodisch schwellende Querkraft in die Kolbentrommel eingeleitet, die je nach Zahl der druckbeaufschlagten Kolben schwankt.

Analog zu den Ausführungen im vorangegangenen Kapitel wird die aus der Druckbeaufschlagung der Kolben resultierende Querkraft über die Verzahnung der Kolbentrommel in die Antriebswelle eingeleitet, so daß ihr Einfluß auf die Belastung der Gleitlagerung Kolbentrommel/Steuerspiegel vernachlässigt werden kann.

### 6.1.3 Einfluß der Kolbenreibung

Durch die Reibung zwischen Kolben und Zylinder weichen die tatsächlich von den Kolben auf die Kolbentrommel und somit auf den Steuerspiegel ausgeübten Kräfte von den rein durch den Zylinderdruck entstehenden Kräften ab. Im Pumpenbetrieb erhöht sich die Belastung des Kontakts Kolbentrommel/Steuerspiegel durch die Reibung der einfahrenden Kolben, im Motorenbetrieb findet durch das reibungsbehaftete Ausfahren der Kolben eine Entlastung des Kontaktes statt.

Wie die Messungen aus Kapitel 5 gezeigt haben, nimmt die Kolbenreibung der untersuchten Verdrängermaschine im Betrieb Werte an, die bei kleinen Kolbengeschwindigkeiten gemittelt bei etwa 5 bis 10 Prozent der axialen Druckkräfte liegen. Es empfiehlt sich, entsprechende Näherungswerte bei der Auslegung des Bauteilkontaktes Kolbentrommel/Steuerspiegel für den Pumpen- bzw. Motorenbetrieb zu berücksichtigen.

## 6.2 Reibungs- und Leckageverhalten des Systems „Kolbentrommel/Steuerspiegel"

### 6.2.1 Versuchsanordnung

Die bei den Untersuchungen an der Reibpaarung Kolbentrommel/Steuerspiegel eingesetzte Modellanordnung ist in den **Bildern 6.7** und **6.8** dargestellt.

Bei der Kolbentrommel und dem Steuerspiegel handelt es sich um Originalbauteile einer Axialkolbeneinheit in Schrägscheibenbauweise, die speziell für den Betrieb als Pumpe mit HFA-Druckmedien entwickelt wurde und sich bereits im Komponentenversuch bewährt hat. Nähere Erläuterungen zu dieser Axialkolbenpumpe finden sich in Kapitel 7.

Im Modellversuch wird die Hochdruckniere des Steuerspiegels durch eine externe Druckquelle mit HFA-Flüssigkeit beaufschlagt. Die einzelnen Zylinderräume der unter dem Steuerspiegel rotierenden Kolbentrommel werden so wie in einer realen Axialkolbenmaschine von Niederdruck auf Hochdruck und zurück umgesteuert. Die Kolbentrommel wird durch ein Tellerfederpaket an den Steuerspiegel angedrückt, im Betrieb wird diese Anpressung durch die unter Druck stehenden Kolben unterstützt. Die in die Trommel eingesetzten Kolben wurden speziell angefertigt. Ihre Abmessungen sind so gewählt, daß der Zylinderinhalt am Modell dem Totvolumen der fiktiv auf Null zurückgeschwenkten Verdrängereinheit entsprechen, aus der die Bauteile stammen. Das Kompressionsvolumen nimmt somit einen Wert an, der dem Mittel der im Pumpen- und Motorbetrieb zu komprimierenden Totvolumina entspricht.

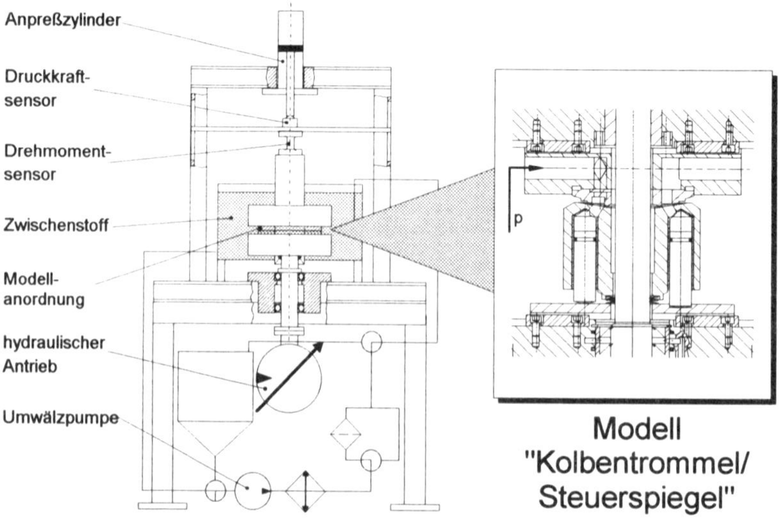


**Bild 6.7**: Modellanordnung zur Untersuchung der Reibungs- und Leckageverluste am tribologischen System Kolbentrommel/Steuerspiegel in schematischer Darstellung

**Bild 6.8**: Modellanordnung „Kolbentrommel/Steuerspiegel“

Das von der rotierenden Kolbentrommel auf den Steuerspiegel ausgeübte Reibmoment wird mittels einer Drehmomentmeßwelle in DMS-Bauweise gemessen. Zusätzlich wird über einen Zahnradmeßmotor in der Zuleitung zur Druckniere des Steuerspiegels der dem Modell zugeführte Volumenstrom bestimmt. Dieser teilt sich am Modell wie in der Realität in drei Anteile auf:

- Leckage durch den Spalt zwischen Kolbentrommel und Steuerspiegel an der Hochdruckniere,
- Leckage durch den Spalt zwischen Kolben und Zylinder bei den druckbeaufschlagten Zylindern,
- Kompressionsvolumenstrom durch die Umsteuerung der einzelnen Zylinderräume von Niederdruck auf Hochdruck und zurück.

Zur getrennten Messung des Leckageanteils, der durch den Spalt zwischen Kolbentrommel und Steuerspiegel entweicht, wurden die Kolben mittels Rundschnurdichtringen gegenüber der Zylinderbohrung abgedichtet. Umfangreiche Vorversuche haben bestätigt, daß sich durch die Abdichtung der Kolben keine Verfälschung bei der Messung des Reibmomentes ergibt. Somit kann davon ausgegangen werden, daß die Spaltausbildung zwischen Kolbentrommel und Steuerspiegel durch die Reibung an den Kolbendichtungen nicht merklich beeinflußt wird und insofern auch keine nachteiligen Auswirkungen auf die Leckagemessung erfolgen. Der gemessene Volumenstrom entspricht bei abgedichteten Kolben der Summe der Leckage durch den Spalt zwischen Kolbentrommel und Steuerspiegel und dem Kompressionsvolumenstrom. Der Kompressionsvolumenstrom macht sich als Verlustvolumenstrom bemerkbar, der durch die periodisch wiederkehrenden Kompressions- und Dekompressionsvorgänge der Zylindervolumina in der Kolbentrommel hervorgerufen wird.

Ausgehend vom Totvolumen $V_{Tot}$ eines einzelnen Zylinders berechnet sich das bei der Druckbeaufschlagung des zunächst entspannten Flüssigkeitsinhaltes eines Zylinders komprimierte Volumen zu:

$$\Delta V_{Komp} = V_{Tot} \cdot \frac{p_{HD} - p_{ND}}{E'_{HFA}} \qquad \text{Gl. 6.24}$$

Bei Rotation der Kolbentrommel mit z Kolben ergibt sich bei einer Drehzahl von n Umdrehungen pro Zeiteinheit ein Kompressionsvolumenstrom von:

$$Q_{Komp} = n \cdot z \cdot V_{Tot} \cdot \frac{p_{HD} - p_{ND}}{E'_{HFA}} \qquad \text{Gl. 6.25}$$

der beispielsweise im Pumpenbetrieb der Verdrängereinheit theoretisch durch Nachexpansion zum Antrieb der Pumpe genutzt werden kann. In der Praxis muß dieser Kompressionsstrom jedoch häufig den Verlusten zugerechnet werden, zumal das bei der Nachexpansion aufgebrachte Antriebsmoment in der Nähe der Totpunkte infolge der mechanischen Reibungsverluste am System Kolben/Zylinder und des kurzen Hebelarms nicht effektiv genutzt werden kann. In der beschriebenen Modellanordnung entweicht das komprimierte Volumen bei der Umsteuerung durch den Niederdruckanschluß.

In **Bild 6.9** ist der auf beschriebene Weise berechnete Kompressionsvolumenstrom in Abhängigkeit der Drehzahl der Modellkolbentrommel für verschiedene Drücke aufgetragen. Wie bereits erwähnt, wurden hierbei die geometrischen Daten der untersuchten Verdrängereinheit zugrunde gelegt, das Totvolumen entspricht insofern dem Zylinderinhalt bei dem fiktiven Schwenkwinkel „0“ der Konstanteinheit ($V_{tot} = 3.26\ cm^3$), wie es im Modell zur Untersuchung der Verluste zwischen Kolbentrommel und Steuerspiegel zum Einsatz kam.

Zieht man den berechneten Kompressionsvolumenstrom von der gemessenen Leckage ab, so erhält man den Leckagestrom durch den Spalt zwischen Kolbentrommel und Steuerspiegel. Durch Berechnung der Kompressionsvolumenströme für die ausgeschwenkte Einheit im Pumpen- bzw. Motorenbetrieb lassen sich die gesamten, durch Leckage zwischen Kolbentrommel und Steuerspiegel sowie den Kompressionsvolumenstrom verursachten volumetrischen Verluste für den Betrieb der realen Maschine im Pumpen- bzw. Motorenbetrieb bestimmen.

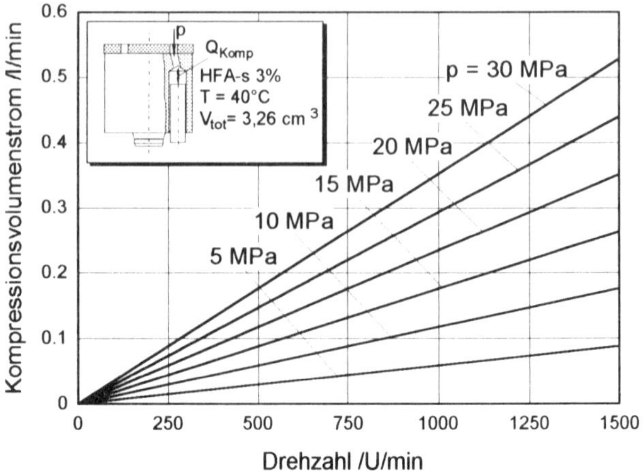


**Bild 6.9**: Kompressionsvolumenstrom über der Drehzahl für verschiedene Betriebsdrücke

Von den realen Verhältnissen in Verdrängermaschinen weicht die Versuchsanordnung wie folgt ab:

- Die Kolben vollführen im Modellversuch keinen Hub: Hierdurch wirken keine Kolbenreibungskräfte, die den Kontakt zwischen Kolbentrommel und Steuerspiegel zusätzlich be- bzw. entlasten.

- Das Totvolumen der Zylinderräume entspricht dem Mittelwert des jeweiligen Zylinderinhaltes bei UT- und OT-Stellung der realen Verdrängereinheit.
- An der Kolbentrommel entsteht kein durch Fliehkräfte bewirktes Kippmoment, wie es durch unterschiedlich weit ausgefahrene Kolben verursacht wird. Dieses Kippmoment wird in der Praxis hauptsächlich über die Verzahnung der Kolbentrommel in die Welle eingeleitet und hat nur geringe Auswirkungen auf die Belastung des Reibkontakts Kolbentrommel/Steuerspiegel.
- Es wird keine aus der Druckbeaufschlagung der auf der geneigten Schrägscheibe stehenden Kolben entstehende Querkraft in die Kolbentrommel eingeleitet. Diese Querkraft wird ebenfalls in erster Linie von der Antriebswelle der Maschine aufgenommen und führt zu einer nur geringen Zusatzbelastung der betrachteten Reibpaarung.

### 6.2.2 Einfluß von Betriebsdruck und Drehzahl

**Bild 6.10** zeigt das gemessene Reibmoment zwischen Kolbentrommel und Steuerspiegel in Abhängigkeit von der Drehzahl für verschiedene Betriebsdrücke.

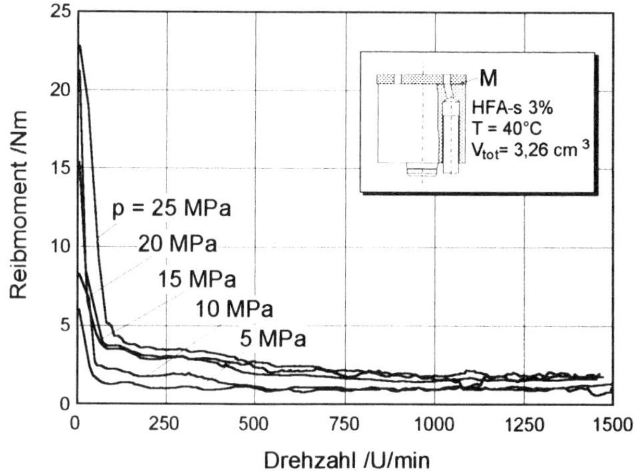


**Bild 6.10**: Reibmoment im Kontakt zwischen Kolbentrommel und Steuerspiegel in Abhängigkeit der Drehzahl für verschiedene Betriebsdrücke

Die hydrostatische Teilentlastung des Kolbentrommel/Steuerspiegel-Kontaktes macht sich in verhältnismäßig hohen Haftreibwerten bemerkbar, die mit dem Druck in etwa proportional ansteigen. Durch stark ausgeprägte Schleppströmungseffekte nehmen die Reibungsverluste jedoch innerhalb des Drehzahlbereiches bis 100 U/min bereits stark ab. Oberhalb von 100 U/min weist das Reibmoment zunächst einen leicht fallenden, später flachen Verlauf auf. Der bezüglich der allgemeinen Gleitlagertheorie und den bis hierhin beschriebenen Reibungsuntersuchungen an anderen Modellsystemen zu erwartende Anstieg des Reibmomentes mit steigender Drehzahl durch die zunehmende Scherung kann ab etwa 1.250 U/min festgestellt werden. Die Ergebnisse der Messungen zeigen, daß die in der Praxis feststellbaren Momentenverluste beim Anfahren von Hydromotoren in Axialkolbenbauweise in starkem Maße durch Reibung am System Kolbentrommel/Steuerspiegel verursacht werden. Die Betrachtung der volumetrischen Verluste am Steuerspiegel muß zeigen, ob die hydrostatische Entlastung des Bauteilkontaktes im Interesse kleinerer Reibverluste angehoben werden kann.

Bezüglich der Leckage durch den Spalt zwischen Kolbentrommel und Steuerspiegel stellt sich der in **Bild 6.11** eingezeichnete Kurvenverlauf ein. Durch Abdichtung der Kolben fließt keine Leckage durch den Spalt zwischen Kolben und Zylinder. Die dargestellte Leckage beinhaltet den Kompressionsvolumenstrom. Wie der zunehmend steile Anstieg der volumetrischen Verluste im Gebiet der Flüssigkeitsreibung oberhalb von etwa 750 U/min zeigt, ist eine Erhöhung des Entlastungsgrades der Paarung Kolbentrommel/Steuerspiegel zugunsten niedrigerer mechanischer Verluste bei Betrieb im Mischreibungsgebiet nicht sinnvoll

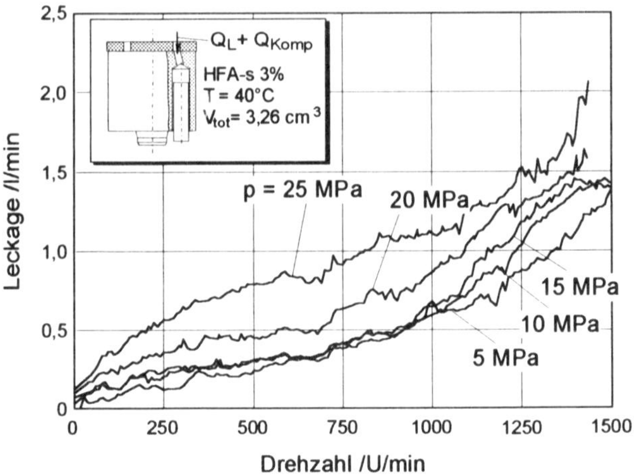


**Bild 6.11**: Leckage zwischen Kolbentrommel und Steuerspiegel in Abhängigkeit der Drehzahl für verschiedene Betriebsdrücke

Ein ausführlicher Vergleich der im Modellversuch ermittelten Verluste mit den Verlusten an einer realen Kolbenmaschine ist in Kapitel 7 aufgeführt.

# 7 Betrachtung der Gesamtverluste

Die Messungen der mechanischen und volumetrischen Verluste an den in den Kapiteln 4 bis 6 vorgestellten Modellen der tribologischen Systeme wurden unter vereinfachten Bedingungen durchgeführt. Anhand der Zusammenführung der im Modellversuch ermittelten Verluste soll die Tauglichkeit der erstellten Modellanordnungen durch den Vergleich mit Messungen an einer Pumpe nachgewiesen werden.

Der Nachweis, daß die wesentlichen verlustverursachenden Effekte mittels der jeweiligen Modellanordnung hinreichend genau erfaßt werden, ist nicht direkt möglich. Die Addition der auf den Modellprüfständen ermittelten Einzelverluste und deren Vergleich mit den Ergebnissen einer Pumpenvermessung stellt jedoch ein Indiz für die Güte der Modelle dar. Darüber hinaus zeigt der Vergleich der am Modell ermittelten Verluste mit den Ergebnissen numerischer Simulationen eine gute qualitative Übereinstimmung (siehe hierzu z.B. /K1/).

## 7.1 Vermessung einer Axialkolbenpumpe für HFA-Flüssigkeiten

Zur volumetrischen und hydraulisch-mechanischen Vermessung stand die in **Bild 7.1** im Schnitt gezeigte Kolbenpumpe zur Verfügung. Die in den Modellversuchen untersuchten Bauteile entstammen in ihrer Standardversion dem gezeigten Triebwerk.

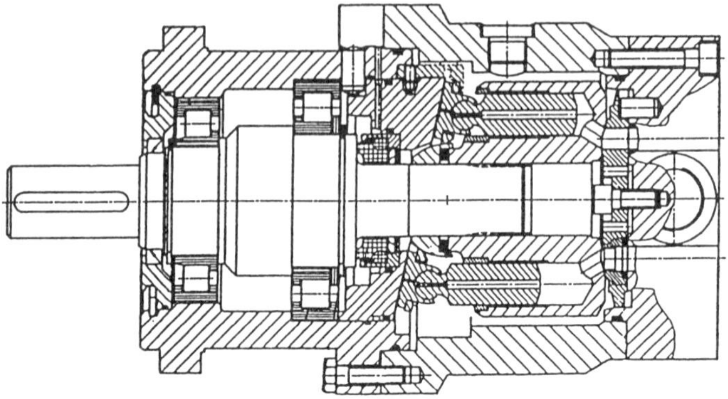

**Bild 7.1**: Axialkolbenpumpe in Schrägscheibenbauweise für den Betrieb mit HFA-Flüssigkeiten

Die 9-Kolben-Pumpe weist einen konstanten Schrägscheibenwinkel von 12,5 Grad auf. Ihr theoretisches Hubvolumen beträgt 31,70 $cm^3$. Für die Nenndrehzahl (n = 1.500 U/min) errechnet sich der theoretische Förderstrom der Pumpe zu 47,55 L/min. Bei einem zulässigen Dauerbetriebsdruck von 28 MPa beträgt die nominelle, verlustfreie Leistung 22,19 kW.

### 7.1.1 Versuchsanordnung

Zur Wirkungsgradvermessung der Pumpe wurde der in **Bild 7.2** schematisch dargestellte Prüfstand eingesetzt.

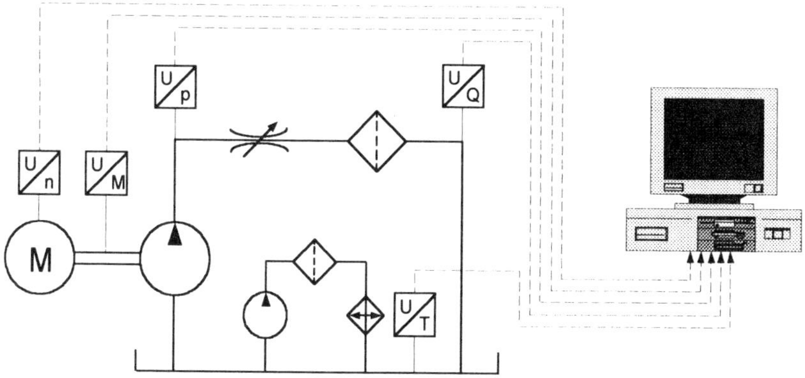


**Bild 7.2**: Pumpenprüfstand in schematischer Darstellung

Die Pumpe wird von einem drehzahlgeregelten Elektromotor angetrieben. Sie saugt 3-prozentige HFA-Lösung aus einem Tank an, in dem die Flüssigkeit im Nebenkreis temperiert und gefiltert wird. Die Zulauftemperatur der Flüssigkeit zur Pumpe beträgt konstant 40 °C, die Flüssigkeit weist bei dieser Temperatur eine kinematische Viskosität von 0,7 $mm^2/s$ auf. Der Druckanschluß der Pumpe ist mit einer einstellbaren Drossel verbunden, an der die hydraulische Leistung in Wärme umgesetzt wird. Zur genauen Vermessung der Pumpe werden der Betriebsdruck $\Delta p$, der geförderte Volumenstrom $Q_{eff}$, die Pumpendrehzahl n sowie das Antriebsmoment $M_{eff}$ gemessen. Die Meßgrößen werden mittels eines PC aufgenommen, abgespeichert und weiterverarbeitet.

### 7.1.2 Versuchsergebnisse

Die zum Vergleich mit den Modellergebnissen herangezogenen charakteristischen Pumpenkennlinien sind in den folgenden Diagrammen dargestellt. **Bild 7.3** zeigt zunächst das erforderliche Antriebsmoment für einen Betriebsdruck der Pumpe von 20 MPa in Abhängigkeit der Drehzahl.

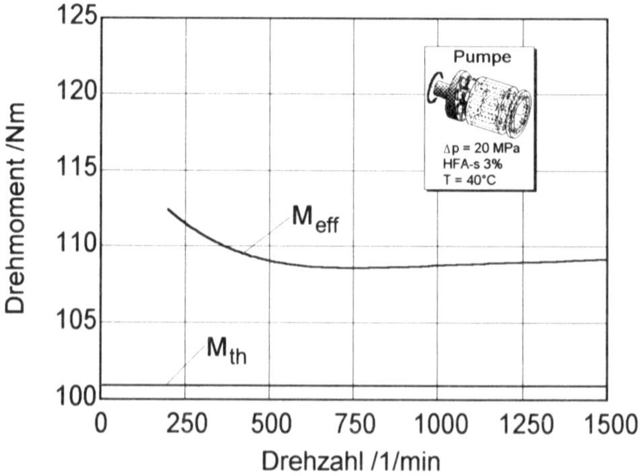


**Bild 7.3**: Antriebsmoment in Abhängigkeit der Drehzahl bei 20 MPa Betriebsdruck (HFA-s 3%)

Der zugehörige Verlauf des Pumpenförderstromes ist in **Bild 7.4** aufgeführt.

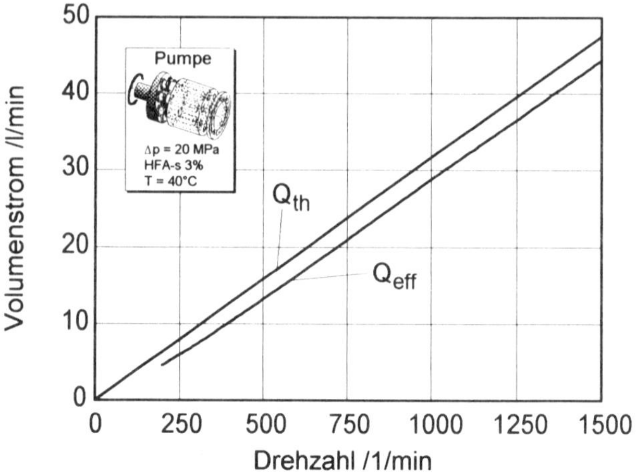


**Bild 7.4**: Förderstrom in Abhängigkeit der Drehzahl bei 20 MPa Betriebsdruck (HFA-s 3%)

Ein Vergleich der Ergebnisse der Pumpenvermessung mit den Modellversuchen ist im folgenden Kapitel aufgeführt.

## 7.2 Vergleich der Ergebnisse von Modell- und Komponentenversuch

Das mittlere effektive Moment an der Welle der Maschine berechnet sich für den Pumpenbetrieb (+) bzw. den Motorenbetrieb (-) zu:

$$M_{eff} = M_{th} \pm M_{V,GS} \pm M_{V,K} \pm M_{V,KT} \pm M_{V,sonst} \qquad \text{Gl. 7.1}$$

Dabei entspricht $M_{th}$ dem theoretischen Moment der Maschine, $M_{V,GS}$ dem Verlustmoment der Gleitschuhe, $M_{V,K}$ dem auf die Welle der Verdrängereinheit reduzierten Verlustmoment der Kolben und $M_{V,KT}$ dem Verlustmoment zwischen Kolbentrommel und Steuerspiegel. Alle übrigen Reibungsverluste durch laminare und turbulente Strömungen, den Impulsverlust durch die Strömungsführung innerhalb der Maschine, die Wellenlagerung und -abdichtung sowie die Rückhaltung der Gleitschuhe werden zunächst durch $M_{V,sonst.}$ berücksichtigt.

Das theoretische Maschinenmoment beträgt:

$$M_{th} = \frac{\Delta p \cdot V}{2\pi}. \qquad \text{Gl. 7.2}$$

Die einzelnen Verlustanteile $M_{V,GS}$, $M_{V,K}$ und $M_{V,KT}$ wurden in den Kapiteln 4 bis 6 am Modell gemessen.

Bezüglich der sonstigen Verluste $M_{V,sonst.}$ werden folgende Annahmen getroffen:

- Aufgrund der geringen Viskosität der verwendeten HFA-Lösung und der niedrigen Flüssigkeitsgeschwindigkeiten in den strömungsführenden Elementen der untersuchten Maschine werden alle Strömungsverluste vernachlässigt.

- Der Impulsverlust der Maschine ist proportional dem Quadrat der Antriebsdrehzahl und beträgt bei 1.500 U/min nur 0,15 Nm. Er findet daher im folgenden ebenfalls keine weitere Berücksichtigung.

- Bei der Berechnung der Drehmomentverluste der Wellenlagerung wird angenommen, daß die in die Welle eingeleitete Radialkraft als mittlere, konstante Querkraft aus der Druckbeaufschlagung von z/2 Kolben resultiert. Die Querkraft wird über die Mitnahmeverzahnung der Kolbentrommel in die Welle eingeleitet. Entsprechend den Berechnungsvorschriften der Wälzlagerhersteller /N6/ berechnet sich für den vorliegenden Fall ein maximales Moment der Wellenlagerung (n = 1.500 U/min, p = 20 MPa) von etwa 0,7 Nm.

- Die Wellenabdichtung ist als Gleitringdichtung ausgeführt. Unter Berücksichtigung des Funktionsprinzips kann davon ausgegangen werden, daß bereits bei verhältnismäßig niedrigen Drehzahlen der Zustand reiner Flüssigkeitsschmierung zwischen den Dichtungsscheiben erreicht wird. Infolge der geringen Abmessungen der Bauteile und der Drehzahlen kann die Dichtungsreibung vernachlässigt werden.

- Die Niederhaltung der Gleitschuhe erfolgt über eine federbelastete Rückhalteplatte. Unter Berücksichtigung der Abmessungen des Kugeldruckstücks und der Federvorspannung von ca. 500 N können die Reibungsverluste vernachlässigt werden.

In der Summe wird $M_{V,sonst.}$ einen Wert erreichen, der in der Größenordnung von etwa 1 bis 2 Nm liegt und bis auf den Anteil, der von der Wälzlagerung hervorgerufen wird, unabhängig vom Druck ist. Drehmomentmessungen an der nahezu drucklos fördernden Pumpe haben gezeigt, daß sich das Verlustmoment der gesamten Maschine im Bereich von etwa 3 Nm bei 200 U/min bis etwa 4,5 Nm bei 1.500 U/min linear bewegt. Auch dies verdeutlicht, daß die übrigen Verluste $M_{V,sonst.}$ sehr gering ausfallen und im Hinblick auf die Zielsetzung des Vergleiches vernachlässigt werden können.

**Bild 7.5** zeigt die aus den in den Kapiteln 4 bis 6 entnommenen Verlustmomente für die Tribosysteme Gleitschuh/Schrägscheibe, Kolben/Zylinder und Kolbentrommel/Steuerspiegel sowie deren Summe in Abhängigkeit der Drehzahl bei einem Betriebsdruck von 20 MPa.

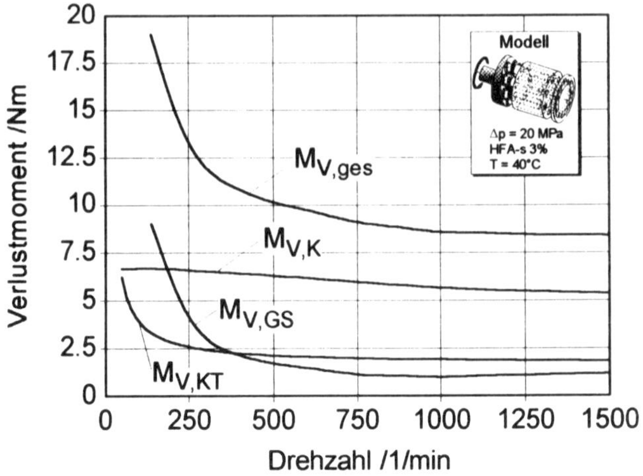


**Bild 7.5**: In den Modellversuchen ermittelte Verlustmomente in Abhängigkeit der Drehzahl (Δp = 20 MPa)

Während der Momentenverlust an der Reibpaarung Kolbentrommel/Steuerspiegel unmittelbar übernommen werden kann, sind die in den Modellversuchen erhaltenen Verlustmomente bzw.

-kräfte der Paarungen Gleitschuh/Schrägscheibe und Kolben/Zylinder zunächst in ein Verlustmoment an der Pumpenwelle umzurechnen.

Im Falle der Gleitschuhverluste gestaltet sich diese Umrechnung sehr einfach. Zur Bestimmung der insgesamt an dieser Reibpaarung entstehenden Reibungsverluste wurde angenommen, daß ständig 4,5 der 9 Kolben druckbeaufschlagt sind. Somit beträgt das in Bild 7.5 aufgetragene Verlustmoment der Gleitschuhe das 4,5-fache des in den Modellversuchen für einen Gleitschuh ermittelten Reibungsmomentes.

Zur Ermittlung des durch Reibung zwischen Kolben und Zylinder entstehenden Momentes wurde zunächst aus den gemessenen Reibkräften der Verlauf des auf die Maschinenwelle bezogenen Verlustmomentes, wie beispielsweise in Bild 5.11 dargestellt, berechnet. Hieraus wurde der Mittelwert über den Kolbenhub gebildet, der dann analog zu den Gleitschuhverlusten mit dem Faktor 4,5 multipliziert den Gesamtverlust dieser Reibpaarung ergibt.

Der Vergleich der am Modell ermittelten Verlustsumme mit den Ergebnissen der Pumpenvermessung ist in **Bild 7.6** dargestellt.

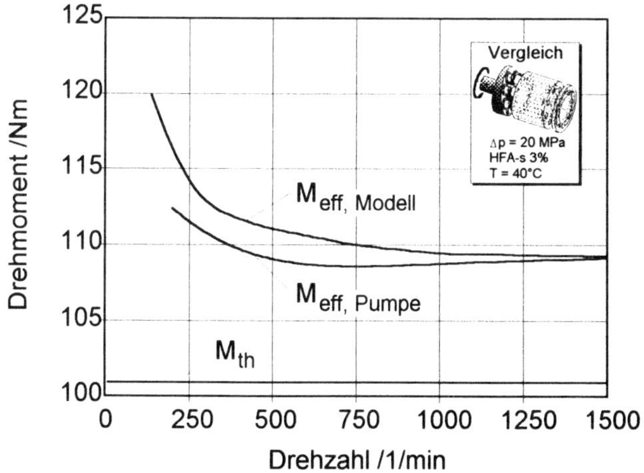


**Bild 7.6**: Vergleich der Verlustsumme der Momente aus den Modellversuchen mit den Ergebnissen der Pumpenvermessung ($\Delta p = 20$ MPa)

Gegenüber dem tatsächlichen effektiven Antriebsmoment der Pumpe fällt das aus den Modellversuchen ermittelte effektive Moment höher aus. Der qualitative Verlauf der Kurven stimmt jedoch gut überein.

Ein analoger Vergleich ist auch bezüglich der volumetrischen Verluste möglich.

Unter Berücksichtigung volumetrischer Verluste beträgt der mittlere effektive Volumenstrom bei der Pumpe (-) und dem Motor (+):

$$Q_{eff} = Q_{th} \mp Q_{V,GS} \mp Q_{V,K} \mp Q_{V,KT} \mp Q_{Komp} \qquad \text{Gl. 7.4}$$

Wie bereits in Kapitel 4.2.1 erläutert, kann die Leckage durch das Kugelgelenk zwischen Gleitschuh und Kolben vernachlässigt werden.

**Bild 7.7** zeigt die in den Modellversuchen bestimmten bzw. rechnerisch abgeschätzten Leckageanteile der einzelnen Tribosysteme sowie die sich daraus ergebende Leckagesumme.

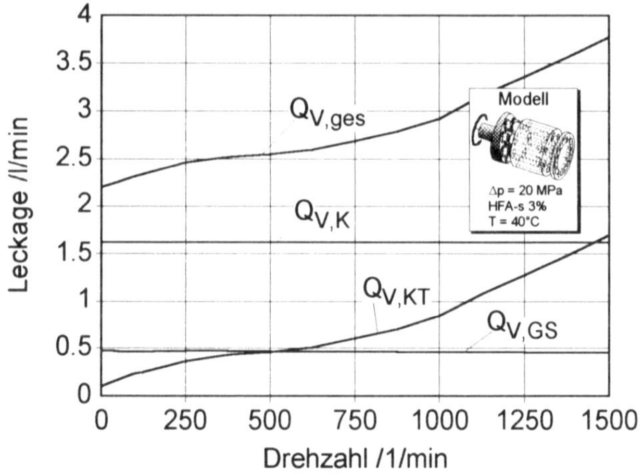


**Bild 7.7**: In den Modellversuchen ermittelte Leckagen in Abhängigkeit der Drehzahl (Δp = 20 MPa)

Ähnlich zur Umrechnung der mechanischen Verluste kann die Leckage zwischen Kolbentrommel und Steuerspiegel direkt aus den Messungen entnommen und eingesetzt werden. Die in Bild 7.7 eingetragene Leckage an den Gleitschuhen beträgt wiederum das 4,5-fache der Leckage *eines* Gleitschuhes. Die Leckage zwischen Kolben und Zylinder wurde mittels eines Simulationsprogrammes ermittelt (s.a. Kapitel 5.2.5). Hierzu wurde unter Berücksichtigung der geometrischen Abmessungen von Kolben und Zylinder, der anliegenden Druckdifferenz, der momentanen Kolbengeschwindigkeit sowie der Flüssigkeitseigenschaften der Verlauf der Leckage eines Kolbens über dem Hub berechnet. Hieraus läßt sich wiederum die gemittelte Leckage während des Kolbenhubes bestimmen, die mit der halben Kolbenzahl der Pumpe multipliziert die Gesamtleckage an den Kolben ergibt. Eine eingehende Beschreibung der Vorgehensweise bei der Simulation findet sich beispielsweise in /R3/.

Es ergeben sich die in **Bild 7.8** dargestellten, bei der Pumpenvermessung bzw. am Modell ermittelten effektiven Förderströme für die untersuchte Axialkolbenmaschine im Vergleich zum theoretischen Förderstrom.

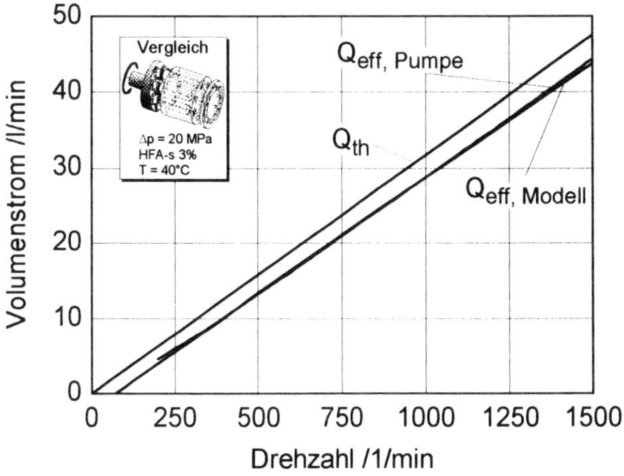


**Bild 7.8**: Vergleich der Verlustsumme der Leckagen aus den Modellversuchen mit den Ergebnissen der Pumpenvermessung (Δp = 20 MPa)

Abschließend ist der Vergleich zwischen Modellversuch und Pumpenvermessung in Form von drehzahlabhängigen Wirkungsgraden in **Bild 7.9** zusammengefaßt.

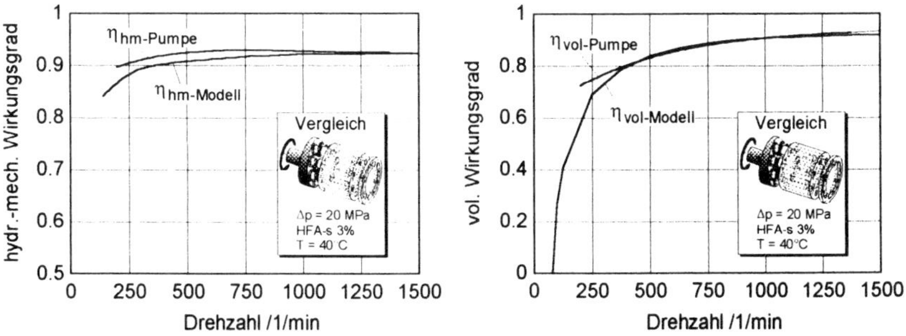


**Bild 7.9**: Vergleich der in den Modellversuchen und bei der Pumpenvermessung ermittelten Wirkungsgradanteile (Δp = 20 MPa)

Der aufgeführte Vergleich wurde der Anschaulichkeit halber am Beispiel eines konstanten Betriebsdruckes der Pumpe von 20 MPa durchgeführt. Auch der Vergleich der Verluste bei anderen Betriebsdrücken zeigt eine gute Übereinstimmung zwischen den Modellversuchen und der Pumpenvermessung.

Tendenziell fallen sowohl die volumetrischen als auch die mechanischen Verluste in den Modellversuchen höher aus als im Pumpenversuch. Dieser Sachverhalt ist voraussichtlich darauf zurückzuführen, daß die Umsteuerung von Nieder- auf Hochdruck und zurück in den Modellen nicht nachgebildet wurde. Bedingt durch Umsteuervorgänge verkürzt sich im Komponentenbetrieb gegenüber dem Modellversuch die zeitliche Dauer, während der eine Druckdifferenz an den Spalten zwischen Gleitschuh und Schrägscheibe bzw. Kolben und Zylinder anliegt, womit auch die volumetrischen Verluste sinken. In gleicher Weise reduziert sich in realen Verdrängereinheiten der Zeitraum, in dem die genannten Reibpaarungen durch die aus der Druckbeaufschlagung resultierenden Kräfte belastet werden. Darüber hinaus stellen sich durch die bei der Umsteuerung schwellenden Kräfte hydrodynamische Verdrängungseffekte zwischen den Bauteilen ein, die den Eintritt dieser Reibpaarungen in den Betriebszustand der Mischreibung verzögern.

# 8 Zusammenfassung

Die Bestimmung der anteiligen Reibungs- und Leckageverluste der einzelnen Tribosysteme der Verdrängerbaugruppe von hydrostatischen Kolbenmaschinen ist im Versuch an vollständigen Einheiten nur mit sehr hohem Aufwand möglich. Probleme bereitet dabei das funktionelle Zusammenspiel der verschiedenen Tribosysteme, wodurch die isolierte Messung bzw. Zuordnung einzelner Reibkräfte und Leckagen nahezu unmöglich ist.

Im Rahmen der vorliegenden Arbeit wurden, ausgehend von einem Reibungsprüfstand, mit dem sich vergleichende Untersuchungen zum Reibungs- und Verschleißverhalten von Werkstoffpaarungen durchführen lassen, Modellanordnungen für Untersuchungen an den wesentlichen Tribosystemen der Verdrängerbaugruppe von hydrostatischen Kolbenmaschinen entwickelt. Den Modellanordnungen wurde dabei das kinematische Prinzip der Axialkolbenmaschinen in Schrägscheibenbauweise zugrunde gelegt.

Auf den vorgestellten Modellprüfständen lassen sich mit verhältnismäßig einfachen Mitteln vergleichende Grundlagenuntersuchungen durchführen. Die Modellanordnungen eignen sich in gleicher Weise zur Erprobung von Optimierungsmaßnahmen konstruktiver und werkstofftechnischer Natur. Auf diese Weise können ungeeignete Maßnahmen bereits im Vorfeld zu den Komponentenversuchen frühzeitig erkannt werden.

In den Modellanordnungen sind die Tribosysteme „Gleitschuh/Schrägscheibe“, „Kolben/Zylinder“ und „Kolbentrommel/Steuerspiegel“ nachgebildet. Die Arbeit gliedert sich daher dahingehend, daß sich jeweils ein Kapitel mit dem einzelnen Tribosystem bzw. Modellprüfstand befaßt. Ausgehend von den Bauteilen einer Schrägscheibenpumpe mit konstantem Hubvolumen für den Betrieb mit HFA-Flüssigkeiten werden Verlustbestimmungen in Abhängigkeit von Druck und Drehzahl durchgeführt. In einem abschließenden Kapitel werden die Ergebnisse der Modellversuche mit denen der Pumpenvermessung verglichen.

Bezüglich der Gleitschuhe von Schrägscheibenmaschinen wurden am Modell einige grundlegende Untersuchungen hinsichtlich der hydrodynamischen Eigenschaften der Gleitschuhe durchgeführt. Schwerpunkt bildete dabei die Untersuchung des Schleppströmungseffektes. Im Modell- und Pumpenversuch mit niedrigviskoser HFA-Lösung konnte gezeigt werden, daß rein hydrodynamische Gleitschuhe selbst bei einem Betriebsdruck von 31.5 MPa prinzipiell geeignet sind, die hohen Normalkräfte aufzunehmen. Dem hydrodynamischen Traganteil durch Schleppströmung kommt somit eine hohe Bedeutung bei der Abstützung der Normalkräfte zu. Die Gleitschuhversuche verdeutlichen, daß in der Wasserhydraulik, wo energetische Verluste und Verschleiß durch die physikalischen Eigenschaften des Hauptbestandteils „Wasser“ der Druckflüssigkeit hohe Werte annehmen, mit relativ einfachen Maßnahmen Verbesserungen hinsichtlich des Wirkungsgrad- und Verschleißverhaltens erzielt werden können.

Die Reibpaarung Kolben/Zylinder ist in Schrägscheibenmaschinen aufgrund der hohen Querkräfte und der Hebelverhältnisse prinzipiell ungünstig gestaltet. Untersuchungen auf einem speziellen Modellprüfstand zeigen, daß an diesem Tribosystem sowohl bei HFA- als auch bei Mineralölbetrieb in den meisten Betriebspunkten erhebliche mechanische Verluste entstehen. Zwar können diese durch die Auswahl anderer Werkstoffkombinationen reduziert werden, dennoch sollten Ansätze zur Verlustminimierung zunächst im Bereich der Krafteinleitung bzw. -abstützung angreifen.

Als insbesondere bei Pumpen hinsichtlich der Verluste verhältnismäßig unkritisch kann die Reibpaarung Kolbentrommel/Steuerspiegel angesehen werden. Auch im HFA-Betrieb wird bereits bei kleinen Drehzahlen das Gebiet vollständiger Flüssigkeitsreibung erreicht, wobei sowohl die Reibungs- und - dank der engen Spalte - die Leckageverluste niedrige Werte annehmen. Demgegenüber ergeben sich für das Anlaufen eines Motors aus dem Stillstand bzw. den Betrieb bei niedrigen Drehzahlen beträchtliche Reibungsverluste, die voraussichtlich nur durch Auswahl reibungsgünstiger Werkstoffkombinationen reduziert werden können.

Untersuchungen zum Reibungs-, Abrasions- und Adhäsionsverhalten verschiedener Werkstoffpaarungen im Hinblick auf ihre Einsatzmöglichkeiten in der Wasserhydraulik zeigen in allgemeiner Form das Optimierungspotential neuartiger Werkstoffe, deren Anwendung in der Fluidtechnik noch nicht weit verbreitet ist. Die Untersuchungen wurden ebenfalls auf einem Modellprüfstand durchgeführt, es kamen scheibenförmige Prüfkörper zum Einsatz. Es zeigt sich, daß durch neuartige Werkstoffe und Schichtsysteme gegenüber herkömmlichen Gleitlagerwerkstoffen wie der Paarung „Stahl/Bronze“ z.T. erhebliche Verbesserungen im Reib- und Verschleißverhalten erzielt werden können. Einzelne „unkonventionelle“ Werkstoffkombinationen wurden auch auf den Bauteilprüfständen eingesetzt, wobei Verbesserungen hinsichtlich des Reibverhaltens erreicht werden konnten.

Der Vergleich der Ergebnisse von Modell- und Komponentenversuch zeigt, daß mit den Modellanordnungen hinreichend genaue Hilfsmittel zur Untersuchung der aufgeführten Tribosysteme von hydrostatischen Kolbenmaschinen zur Verfügung stehen. Die Modellprüfstände geben Aufschluß über die Höhe volumetrischer und hydraulisch-mechanischer Verlustanteile an den einzelnen Lagerstellen und eignen sich damit insbesondere zur vergleichenden Prüfung von konstruktiven und werkstofftechnischen Modifikationen hinsichtlich ihres Optimierungspotentiales im Vorfeld zum Komponentenversuch.

# 9 Literaturverzeichnis


| | | |
|---|---|---|
| /B1/ | Backé, W., Murrenhoff, H. | Grundlagen der Ölhydraulik<br>RWTH Aachen, 11. Auflage, 1997 |
| /B2/ | Ballhause, P. | Billard in der Kammer<br>gesputterte Hartstoffschichten – Lösung aller tribologischen Probleme?<br>KEM, September 1991 |
| /B3/ | Berger, J. | Kavitationserosion und Maßnahmen zu ihrer Vermeidung in Hydraulikanlagen für HFA-Flüssigkeiten<br>Dissertation, RWTH Aachen, 1983 |
| /B4/ | Berger, M. | Verbessertes Betriebsverhalten<br>SMM-Schweizer Maschinenmarkt 20 (1991) |
| /B5/ | Berger, M. | PVD-Schichten in der Fluidtechnik, Verschleißprobleme und Schichtauswahl<br>Metalloberfläche 45/10 (1991) |
| /B6/ | Blok, P. | Das hydrostatische Keilspaltlager<br>Dissertation, TH Delft, 1976 |
| /B7/ | Böinghoff, O. | Untersuchungen zum Reibungsverhalten der Gleitschuhe in Schrägscheiben-Axialkolbenmaschinen<br>VDI-Forschungsheft 584, VDI-Verlag Düsseldorf, 1977 |
| /B8/ | Brangs, E. | Über die Auslegung von Axialkolbenpumpen mit ebenem Steuerspiegel<br>Dissertation, RWTH Aachen, 1965 |
| /B9/ | Broichhausen, J. | Schadenskunde<br>Carl Hanser Verlag, 1985 |
| /B10/ | Brookes, C. A.<br>Fagan, M. J.<br>James, R. D.<br>McConnachie, J. | The Selection and Performance of Ceramic Components in a Sea-Water Pump<br>Third JHPS International Symposium, 1996 |
| /C1/ | Conrad, F.<br>Adelstorp, A. | Pure Water Hydraulic Systems and Applications<br>Preprints 9th Bath Fluid Power Workshop, September 1996 |
| /C2/ | Cüppers, H. | Vormarsch oder Rückzug – Proportionaltechnik in der Wasserhydraulik<br>fluid, April 1988 |
| /D1/ | Donders, S. | Untersuchung und Optimierung von verschleißgefährdeten Gleit- und Dichtfugen in Kolbenpumpen und Ventilen beim Betrieb mit HFA-Flüssigkeiten<br>Abschlußbericht, RWTH Aachen, 1994 |
| /F1/ | Fagan, J.<br>McConnachie, J. | Development of Axial Piston Pumps and Motors for Water Hydraulic Systems<br>VIième Congrès International „L'Hydraulique et le Véhicule", Angers, 4.-5. Mai 1994 |

| | | |
|---|---|---|
| /F2/ | Franke, H.-J.<br>Fritsch, J.<br>Lachmayer, R. | Schäden beim Einsatz keramischer Werkstoffe im Tribosystem mit Wasser<br>Tribologie + Schmierungstechnik, 43. Jahrgang, 1/1996 |
| /H1/ | Harms, H.-H. | Untersuchungen zum Reibungsverhalten zwischen Gleitschuh und Gleitring von schnellaufenden Radialkolbenmaschinen<br>VDI-Forschungsheft 613, VDI-Verlag Düsseldorf, 1982 |
| /H2/ | Heney, P. J. | Hydraulics help support Mining Operations<br>Hydraulics & Pneumatics, March 1997 |
| /I1/ | Ivantysyn, J. u. M. | Hydrostatische Pumpen und Motoren<br>Vogel Buchverlag Würzburg, 1. Auflage, 1993 |
| /J1/ | Jacobs, G. | Verschleißverhalten hydraulischer Pumpen und Ventile beim Betrieb mit feststoffverschmutztem Öl<br>Dissertation , RWTH Aachen, 1993 |
| /J2/ | Jang, D.-S. | Verlustanalyse an Axialkolbeneinheiten<br>Dissertation, RWTH Aachen, 1997 |
| /K1/ | Kleist, A. | Berechnung von hydrostatischen Dichtstellen in Maschinen<br>O+P „Ölhydraulik und Pneumatik" 39 (1995) Nr. 10 |
| /K2/ | Kögl, C. | Verstellbare hydrostatische Verdrängereinheiten im Drehzahl- und Drehmomentregelkreis am Netz mit angepaßtem Versorgungsdruck<br>Dissertation, RWTH Aachen, 1995 |
| /K3/ | v. d. Kolk, H.-J. | Beitrag zur Bestimmung der Tragfähigkeit des stark verkanteten Gleitlagers Kolben/Zylinder an Axialkolbenpumpen der Schrägscheibenbauart<br>Dissertation, Universität Karlsruhe, 1972 |
| /M1/ | Mack, M. | Surface Technology / Wear Protection<br>Verlag Moderne Industrie Landsberg, 1990 |
| /N1/ | N.N. | 7. Bericht über Anforderungen und Prüfungen schwerentflammbarer Flüssigkeiten zur Kraftübertragung und Steuerung<br>Kommission der Europäischen Union, Luxemburg, 1995 |
| /N2/ | N.N. | O+P Gesprächsrunde: Hydraulik im Untertagebergbau<br>O+P „Ölhydraulik und Pneumatik" 33 (1989) Nr. 5 |
| /N3/ | N.N. | Meisterwerke für Meerwasser<br>fluid, Januar/Februar 1997 |
| /N4/ | N.N. | Die 2. Stufe der Wasser-Renaissance<br>fluid, März 1997 |
| /N5/ | N.N. | Im Vakuum geht's hart auf hart<br>fluid, März 1996 |
| /N6/ | N.N. | Kugler-Bimetal, Technische und physikalische Daten,<br>Kugler SA Ausgabe 1988 |
| /P1/ | Peeken, H. | Tribologie I+II<br>Umdruck zur Vorlesung, RWTH Aachen |

| | | |
|---|---|---|
| /R1/ | Regenbogen, H. | Das Reibungsverhalten von Kolben und Zylinder in hydrostatischen Axialkolbenmaschinen<br>VDI-Forschungsheft 590, VDI-Verlag Düsseldorf, 1978 |
| /R2/ | Renius, | Untersuchungen zur Reibung zwischen Kolben und Zylinder bei Schrägscheibenaxialkolbenmaschinen<br>VDI-Forschungsheft 561, VDI-Verlag Düsseldorf, 1974 |
| /R3/ | Rinck, S. | Untersuchung und Optimierung schnellaufender Axial- und Radialkolbenpumpen beim Betrieb mit wasserbasischen Druckflüssigkeiten<br>Dissertation, RWTH Aachen, 1992 |
| /R4/ | Rizvi, S. Q. A. | A History of Lubrication<br>Automotive Engineering, November 1996 |
| /S1/ | Schumann, R. | Durchbruch bei wasserhydraulischen Antrieben<br>Antriebstechnik 33 (1994) Nr. 1-2 |
| /S2/ | Stoiber, B. | Der Not gehorchend ... HFA-Anwender treibt Komponententenentwicklung voran<br>fluid, Februar 1987 |
| /S3/ | Stricker, S. | Advances make Tap Water Hydraulics more practical<br>Hydraulics & Pneumatics, December 1996 |
| /T1/ | Tanaka, K.<br>Nakahara, T.<br>Kyogoku, K. | Piston Rotation and Frictional Forces between Piston and Cylinder of Piston Pump and Motor<br>Fluid Power, 1993 |
| /T2/ | Trostmann, E. | Water Hydraulics Control Technology<br>Marcel Dekker, Inc., 1996 |
| /T3/ | Trostmann, E.<br>Clausen, P. M. | Wasserhydrauliksysteme,<br>O+P „Ölhydraulik und Pneumatik“ 40 (1996) Nr. 10 |
| /U1/ | Uetz | Reibung und Verschleiß<br>Carl Hanser Verlag |
| /U2/ | Urata, E.<br>Miyakawa, S.<br>Yamashina, C. | Development and Operation of Water Hydraulic Servosystems |
| /V1/ | Vogelpohl, G. | Betriebssichere Gleitlager Band 1: Grundlagen und Rechnungsgang<br>Springer-Verlag Berlin, 1967 |